A CONSTITUIÇÃO NORTE-AMERICANA É DEMOCRÁTICA?

2ª EDIÇÃO

2

A CONSTITUIÇÃO NORTE-AMERICANA É DEMOCRÁTICA?

2ª EDIÇÃO

Robert A. Dahl

Tradução:
Vera Ribeiro
Revisão técnica:
Mario Brockmann Machado

FGV | DIREITO RIO EDITORA

Título original: *How Democratic is the American Constitution?*
2ª edição
Tradução autorizada da segunda edição publicada, originalmente, em 2003 por Yale

Segunda edição, Copyright © 2003, por Yale University
Primeira edição, Copyright © 2002, por Yale University
Copyright da edição brasileira © 2015, Fundação Getulio Vargas

Direitos desta edição reservados à
Fundação Getulio Vargas
Rua Jornalista Orlando Dantas, 37
22231-010 | Rio de Janeiro, RJ | Brasil
Tels.: 0800-021-7777 | 21-3799-4427
Fax: 21-3799-4430
editora@fgv.br | pedidoseditora@fgv.br
www.fgv.br/editora

Impresso no Brasil | *Printed in Brazil*

Todos os direitos reservados. A reprodução não autorizada desta publicação, no todo ou em parte, constitui violação do copyright (Lei nº 9.610/98).

Os conceitos emitidos neste livro são de inteira responsabilidade do(s) autor(es).

1ª edição brasileira – 2015; 1ª reimpressão — 2016; 2ª reimpressão — 2022.

Coordenação editorial e copidesque: Ronald Polito
Revisão: Marco Antonio Corrêa e Victor da Rosa
Índice remissivo: Denis Araki
Capa, projeto gráfico de miolo e diagramação: Ilustrarte Design e Produção Editorial
Foto da capa: John Trumbull. *The Declaration of Independence*, óleo sobre tela, 1786. Copyright Yale University Art Gallery.

Ficha catalográfica elaborada pela
Biblioteca Mario Henrique Simonsen/FGV

Dahl, Robert Alan, 1915-2014
    A constituição norte-americana é democrática? / Robert A. Dahl; tradução: Vera Ribeiro; revisão técnica: Mario Brockmann Machado. — Rio de Janeiro : FGV Editora, 2015.
    192 p.

    Em parceria com a Direito Rio.
    Tradução de: *How democratic is the American constitution?*
    Inclui bibliografia e índice.
    ISBN: 978-85-225-1804-3

    1. Direito constitucional – Estados Unidos. 2. História constitucional – Estados Unidos. 3. Democracia. I. Fundação Getulio Vargas. II. Escola de Direito do Rio de Janeiro da Fundação Getulio Vargas. III. Título.

CDD – 341.20973

SUMÁRIO

Agradecimentos 7

Capítulo 1: Introdução: questões fundamentais 9

Capítulo 2: O que os Autores não tinham como saber 15

Capítulo 3: A Constituição como modelo: uma ilusão norte-americana 45

Capítulo 4: Eleição do presidente 73

Capítulo 5: Até que ponto é bom o desempenho do sistema constitucional? 89

Capítulo 6: Por que não uma constituição mais democrática? 113

Capítulo 7: Algumas reflexões sobre as perspectivas
de uma constituição mais democrática   129

Capítulo 8: Reflexões adicionais: modificando
a Constituição não escrita   143

Apêndice A: Sobre os termos "democracia"
e "república"   161

Apêndice B: Tabelas e gráficos   167

Referências   175

Índice remissivo   183

AGRADECIMENTOS

O CONVITE PARA FAZER as Palestras Castle em Yale proporcionou-me um incentivo para pôr em foco algumas ideias sobre a Constituição norte-americana que eu havia formado aos poucos, ao longo de muitos anos. Embora eu houvesse exposto alguns de meus argumentos em vários ensaios e capítulos de livros, outros permaneciam predominantemente implícitos ou mal desenvolvidos, até eu redigir as palestras. Este livro incorpora a essência das Palestras Castle que apresentei no início do outono de 2000, ligeiramente revistas e ampliadas.

Por ter-me feito o convite para apresentar essas palestras, sou grato a Geoffrey Garrett, diretor do Programa de Ética, Política e Economia. A ele e a Ian Shapiro quero expressar meu agradecimento pelo endosso caloroso do tema que propus para minhas palestras.

Pelo auxílio inestimável no trabalho de pesquisa, sou grato a Jennifer Smith.

Por suas perguntas, correções ou contribuições proveitosas, quero também agradecer a Wendell Bell, Kai Erikson, Fred Greenstein,

Steven Hill, Malcolm Jewell, Joseph LaPalombara, Rogers Smith e, na Yale University Press, a Ali Peterson, por seu trabalho sensível de revisão de texto, e a Larisa Heimert, pela ajuda habilidosa e enérgica na condução do manuscrito pelo processo de publicação.

Por fim, permitam-me aproveitar esta oportunidade para expressar meus agradecimentos aos membros da plateia cujas perguntas e comentários me permitiram descobrir aspectos de minha apresentação que, nesta versão publicada, viriam a se beneficiar de maiores esclarecimentos ou de uma abordagem mais ampla.

Capítulo 1

INTRODUÇÃO: QUESTÕES FUNDAMENTAIS

MEU OBJETIVO NESTE LIVRO sucinto não é propor mudanças na Constituição norte-americana, porém sugerir modificações em nossa maneira de *pensar* sobre nossa carta magna. Dentro desse espírito, começo por formular uma pergunta simples: *por que nós, norte-americanos, devemos respaldar nossa Constituição?*

Bem, talvez respondesse um cidadão norte-americano, ela tem sido nossa carta magna desde que foi redigida, em 1787, por um grupo de homens excepcionalmente sábios, e ratificada por convenções em todos os estados.[1] Mas essa resposta só faz levar a outras perguntas.

Para compreendermos o que está por trás da pergunta seguinte, quero lembrar como se compôs a Convenção Constitucional que se

---

[1] Embora a votação tenha sido unânime em três estados — Delaware, Nova Jersey e Geórgia —, nos demais ela foi dividida, em alguns casos logo após um debate acirrado. Em Massachusetts, por exemplo, os delegados se dividiram entre 187 votos a favor e 168 contra; em New Hampshire, os votos foram 57 a 47, e na Virgínia, 87 a 79. A votação mais apertada ocorreu em Nova York, onde os defensores da Constituição venceram por uma diferença de três votos.

reuniu em Filadélfia no verão de 1787. Embora tendamos a presumir que todos os 13 estados enviaram representantes, a verdade é que Rhode Island recusou-se a comparecer e os representantes de New Hampshire só chegaram algumas semanas depois de iniciada a Convenção. Como resultado, diversas votações cruciais em junho e julho foram feitas com a presença de apenas 11 delegações estaduais. Além disso, os votos eram contados por estado e, embora a maioria das delegações estaduais, em quase todos os momentos, fechasse acordos em torno de uma posição única, houve algumas ocasiões em que elas ficaram por demais divididas, internamente, para dar seu voto.

Minha pergunta, portanto, é esta: por que devemos sentir-nos comprometidos, hoje em dia, com um documento produzido há mais de dois séculos por um grupo de 55 homens mortais, efetivamente assinado por apenas 39 deles, um bom número dos quais consistia em escravocratas, e que foi adotado em apenas 13 estados, pelos votos de menos de 2 mil homens, todos os quais já morreram há muito tempo e foram majoritariamente esquecidos?[2]

Nosso cidadão talvez respondesse que, afinal, nós, norte-americanos, somos livres para alterar nossa constituição por meio de emendas, e já o fizemos várias vezes. Portanto, em última análise, nossa carta magna atual baseia-se no consentimento dos que estamos vivos no presente.

Contudo, antes de aceitarmos essa resposta, permitam-me fazer outra pergunta: algum dia tivemos, nós, norte-americanos, a oportunidade de expressar nossa vontade ponderada sobre nosso sistema constitucional? Por exemplo, quantos leitores destas linhas já participaram de um plebiscito que lhes perguntasse se queriam continuar a ser governados nos termos da constituição em vigor? A resposta, claro, é: nenhum.

Nesse ponto, nosso cidadão talvez recaísse em outra linha de argumentação: por que deveríamos alterar uma constituição que nos prestou e continua a prestar bons serviços?

Embora essa seja, sem dúvida, uma linha de argumentação sensata, ela sugere mais uma pergunta: por quais *padrões* a nossa consti-

---

[2] Nos 10 estados em que os votos da Convenção não foram unânimes, votaram ao todo 1.540 delegados, 964 a favor da Constituição e 576 contra.

tuição nos presta bons serviços? Em particular, até que ponto o nosso sistema constitucional atende bem aos padrões *democráticos* da atualidade? Examinarei essa pergunta no próximo capítulo.

E, se nossa constituição é tão boa quanto parece pensar a maioria dos norte-americanos, por que outros países democráticos não a copiaram? Como veremos no capítulo 3, todos os outros países democráticos avançados adotaram sistemas constitucionais muito diferentes do nosso. Por quê?

Se nosso sistema constitucional se revela ímpar entre as constituições de outros países democráticos avançados, será ele melhor ou pior por suas diferenças? Ou será que as diferenças não têm importância? Examinarei essa difícil pergunta no quarto capítulo.

Vamos supor que encontremos pouca ou nenhuma comprovação corroborante da ideia de que nosso sistema constitucional é superior aos sistemas de outros países democráticos comparáveis e que, em alguns aspectos, na verdade ele tem um desempenho bem pior. O que devemos concluir?

Como parte de uma resposta, vou sugerir que comecemos a ver a Constituição norte-americana como nem mais nem menos que um conjunto de instituições e práticas básicas, concebido, segundo nossas melhores possibilidades, com o objetivo de alcançar valores democráticos. Mas, se um valor democrático importante é a *igualdade política*, será que essa igualdade política não vai ameaçar os direitos e liberdades que prezamos? No capítulo 5, pretendo argumentar que essa visão — que teve uma defesa famosa feita por Tocqueville, entre outros — baseia-se numa compreensão equivocada da relação entre democracia e direitos fundamentais.

Mas a indagação persiste: se nossa constituição, em aspectos importantes, é falha em termos dos padrões democráticos, devemos modificá-la, e como? Meu objetivo aqui, como já disse, menos é sugerir mudanças na carta magna existente do que nos estimular a alterar nossa maneira de *pensar* nela, quer se trate da Constituição em vigor, de uma versão modificada dela ou de uma constituição nova e mais democrática. Isto posto, tecerei alguns comentários sucintos, em meu último capítulo, sobre mudanças possíveis e os obstáculos à sua efetivação.

Antes de passar às perguntas formuladas, preciso resolver duas questões. Uma é puramente terminológica. Ao discutir a criação da Constituição na Convenção de 1787, farei referência aos membros das delegações como Autores,* e não, o que é mais comum, como Pais Fundadores. Faço-o porque muitos dos homens que seria razoável listar entre os Pais Fundadores — inclusive notáveis como John Adams, Samuel Adams, Tom Paine e Thomas Jefferson — não participaram da Convenção. (Pelas minhas contas, apenas oito dos 55 representantes presentes na Convenção também haviam assinado a Declaração da Independência.)

A segunda questão tanto é terminológica quanto substantiva. Alguns leitores poderão argumentar que os Pais Fundadores (incluindo os Autores) pretendiam criar uma república, não uma democracia. A partir dessa premissa, de acordo com uma crença que não é incomum entre os norte-americanos, deduz-se que os Estados Unidos não são uma democracia, mas uma república. Embora essa crença seja às vezes respaldada pela autoridade de um dos principais arquitetos da Constituição, James Madison, ela é, pelas razões que explicarei no apêndice A, equivocada.

Ainda mais importante, porém, é que a conclusão não é uma decorrência da premissa. Quaisquer que tenham sido as intenções dos Autores, dificilmente nos sentiríamos submetidos a eles, hoje em dia, se os acreditássemos errados, moral, política e constitucionalmente. Com efeito, mais de dois séculos de experiência demonstraram que, toda vez que um número suficientemente grande e influente de norte-americanos conclui que as ideias dos Autores *eram* erradas, esse grupo modifica a Constituição. Ainda que os Autores não tenham pretendido que sua constituição abolisse a escravatura, quando as gerações posteriores concluíram que esta já não era tolerável e tinha que

---

* Dahl se refere aos delegados enviados pelas assembleias legislativas dos estados para participar da Convenção Constitucional, com o objetivo inicial de revisar os Artigos da Confederação, mas que acabaram por elaborar uma nova constituição. (N. da T.)

ser abolida, elas alteraram a carta magna para fazê-la conformar-se a suas convicções.

Embora alguns Autores se inclinassem mais para a ideia de uma república aristocrática do que para a de uma república democrática, logo descobriram que, sob a liderança de James Madison, entre outros, os norte-americanos tratariam rapidamente de criar uma república mais democrática e, ao fazê-lo, começariam quase de imediato a modificar o sistema constitucional criado pelos Autores.

Capítulo 2

O QUE OS AUTORES NÃO TINHAM COMO SABER

POR MAIS SENSATOS QUE fossem, os Autores eram necessariamente limitados por sua profunda ignorância.

Digo isso sem nenhum desrespeito, pois, como muitos outros, creio que havia entre os Autores muitos homens de talento e virtude cívica excepcionais. Na verdade, considero James Madison o nosso maior cientista político, e vejo sua geração de líderes políticos, talvez, como a mais ricamente dotada que tivemos em termos de sabedoria, virtude cívica e dedicação à vida no serviço público. Nos meses e semanas que antecederam a Convenção Constitucional reunida "na segunda-feira, 14 de maio de 1787 A.D., e no décimo primeiro ano da independência dos Estados Unidos da América, na Assembleia Estadual da cidade de Filadélfia",[3] Madison estudou as melhores fontes,

---

[3] Faço aqui uma citação do Journal of the Convention, in: FARRAND, Max (Ed.). *The records of the Federal Convention of 1787*. New Haven: Yale University Press, 1966. 3 v. v. 1, p. 1. Os três volumes organizados por Farrand foram reimpressos em 1987, acompanhados por um quarto volume, o *Supplement*, organizado por James H. Hutson (New Haven: Yale University Press, 1987). Minhas referências aos regis-

tão cuidadosamente quanto um estudante de alto nível ao se preparar para um exame de grande importância.[4] Nem mesmo James Madison, porém, podia prever o futuro da república norte-americana, nem tampouco tinha como recorrer aos conhecimentos que viriam a ser adquiridos em experiências posteriores com a democracia nos Estados Unidos e em outros lugares.

Não depõe contra a genialidade de Leonardo da Vinci dizer que, dados os conhecimentos disponíveis em sua época, ele não tinha como projetar uma aeronave utilizável — muito menos a nave espacial que hoje leva seu nome. Dados os conhecimentos disponíveis na época, tampouco podiam os irmãos Wright construir o Boeing 707. Embora, como muitos outros, eu tenha enorme admiração por Benjamin Franklin, reconheço que seu saber sobre a eletricidade era infinitesimal, comparado ao de um estudante atual do primeiro ano de engenharia elétrica — ou, pensando bem, ao do eletricista que cuida dos meus problemas ocasionais com a fiação. Na verdade, naquele famoso primeiro experimento com a pipa, Franklin teve sorte de escapar com vida. Nenhum de nós, creio eu, contrataria um eletricista provido apenas dos conhecimentos de Franklin para cuidar da fiação elétrica, nem proporia fazer uma viagem de Nova York a Londres no avião dos irmãos Wright. Leonardo, Franklin e os irmãos Wright foram grandes inovadores em suas respectivas épocas, mas não tinham possibilidade de recorrer a conhecimentos que ainda estavam por ser acumulados nos anos e séculos vindouros.

É bem possível que os conhecimentos dos Autores — de alguns deles, com certeza — fossem os melhores disponíveis em 1787. Mas os conhecimentos confiáveis sobre constituições apropriadas a grandes repúblicas representativas eram escassos, se tanto. A história não

---

tros da Convenção foram extraídas desses quatro volumes e serão doravante citadas como *Records*.
[4] MILLER, William. *The business of may next*: James Madison and the founding. Charlottesville: University Press of Virginia, 1992. p. 4l ss. Lance Banning escreveu que "Madison havia chegado a Filadélfia como o mais preparado de todos os que se reuniram na Convenção Federal. [...] Primeiro preparou notas detalhadas de pesquisa sobre a história e a estrutura de outras confederações, antigas e modernas" (p. 115).

havia produzido modelos verdadeiramente relevantes de governos representativos da escala que o dos Estados Unidos já havia atingido, para não falar na escala que o país atingiria em anos futuros. Por mais que muitos delegados admirassem a constituição britânica, ela estava longe de ser um modelo adequado. A república romana também não podia fornecer um guia muito confiável. A famosa República de Veneza, por mais ilustre que tivesse sido, era governada por uma aristocracia hereditária de menos de 2 mil homens e já andava balançando: 10 anos depois da Convenção, um corso arrivista viria a derrubá-la com um ataque militar insignificante. Qualquer conhecimento que os delegados pudessem extrair da experiência histórica, portanto, era apenas de relevância marginal, na melhor das hipóteses.

UM SALTO PARA O DESCONHECIDO

Entre os aspectos importantes do futuro imprevisível, quatro desdobramentos históricos gerais viriam a gerar um conhecimento potencial que necessariamente faltava aos Autores, e que, se possuído por eles, bem poderia tê-los levado a uma concepção constitucional diferente.

Primeiro, uma revolução democrática pacífica estava prestes a alterar fundamentalmente as condições em que funcionaria seu sistema constitucional.

Segundo, em parte como resposta a essa revolução contínua, novas instituições políticas democráticas alterariam fundamentalmente o arcabouço que com tanto cuidado eles haviam projetado e o reconstruiriam.

Terceiro, quando a democratização se desenrolasse na Europa e em outros países de língua inglesa, durante os dois séculos seguintes, surgiriam arranjos constitucionais radicalmente diferentes do sistema norte-americano. Em uma ou duas gerações, até a constituição britânica passaria a ter pouca semelhança com a que os Autores conheciam — ou julgavam conhecer — e que, em muitos aspectos, admiravam e tinham a esperança de imitar.

Quarto, as ideias e crenças sobre o que a democracia requer e, portanto, o que requer uma república democrática continuariam a evoluir até os dias atuais, como provavelmente evoluirão além deles. Tanto na maneira de compreendermos o significado de "democracia" quanto nas práticas e instituições que consideramos necessárias a ela, a democracia não é um sistema estático. As ideias e as instituições democráticas, tal como se desenvolveram nos dois séculos posteriores à Convenção Constitucional norte-americana, iriam muito além das concepções dos Autores e até transcenderiam as ideias dos democratas da primeira hora, como Jefferson e Madison, que ajudaram a tomar a iniciativa de ações com vistas a uma república mais democrática.

Examinarei cada um desses desdobramentos em capítulos posteriores. Primeiro, porém, quero apontar algumas das limitações práticas do que era razoável que os Autores alcançassem.

O QUE OS AUTORES NÃO PODIAM FAZER

Os Autores não eram apenas limitados, digamos, por sua inevitável ignorância. Eram também crucialmente restritos pelas oportunidades que estavam à sua disposição.

Podemos ser profundamente gratos por uma restrição crucial: os Autores limitaram-se a considerar apenas uma forma *republicana* de governo. Ficaram restritos a ela não somente por sua própria convicção da superioridade do governo republicano perante todos os demais, porém também por sua convicção de que o alto valor que atribuíam ao republicanismo era compartilhado, em números esmagadores, pelos cidadãos norte-americanos de todos os estados. Independentemente do que mais tivessem liberdade para fazer, os Autores sabiam muito bem que não havia possibilidade de proporem uma monarquia ou um governo comandado por uma aristocracia. Como disse Elbridge Gerry, delegado de Massachusetts, "Não havia um milésimo de nossos concidadãos que não se opusesse à menor aproximação da monarquia".[5] O único delegado que Madison

---

[5] *Records*, v. 1, p. 425.

registrou[6] como vendo a monarquia com bons olhos foi Alexander Hamilton, cuja expressão insensata de apoio a essa instituição sumamente impopular pode muito bem ter reduzido sua influência na Convenção, do mesmo modo que o viria a perseguir, tempos depois.[7] Quase igualmente inaceitável era a adaptação de ideias aristocráticas a uma carta magna norte-americana. Durante as deliberações sobre o Senado, Gouverneur Morris, delegado da Pensilvânia, explorou a possibilidade de selecionar os integrantes dessa instituição em um equivalente norte-americano da aristocracia britânica.[8] Todavia, não tardou a se tornar patente que os delegados não conseguiam concordar quanto a quais viriam a ser esses aristocratas estadunidenses, e, de qualquer modo, todos tinham perfeita ciência de que a maioria esmagadora dos cidadãos do país simplesmente não toleraria tal governo.

Um segundo limite inflexível era a existência dos 13 estados, com outros mais por vir. Uma solução constitucional que passaria a ficar disponível na maioria das nações que iriam desenvolver-se como democracias maduras e estáveis — o sistema unitário, com a soberania exclusiva instalada no governo central, como na Grã-Bretanha e na

---

[6] Madison fez extensas anotações durante a Convenção e, mais tarde, editou, cotejou e consolidou essas notas com o brevíssimo Journal of the Convention, publicado em 1819. Suas anotações foram postumamente publicadas em 1840. Fazem parte da série descrita na nota 1, acima. Mantive a pontuação e a ortografia de Madison. [Esta última observação do autor não prevalece no texto em português. (N. da T.)]
[7] Seu discurso de 18 de junho, conforme relatado por Madison, encontra-se em *Records*, v. 1, p. 282 ss. Hamilton disse que "não [tinha] escrúpulo em declarar [...] que o Gov. britânico era o melhor do mundo. [...] Quanto ao Executivo, parecia ser um fato aceito que nenhum bom Executivo poderia estabelecer-se com base no princípio republicano. [...] O modelo inglês era o único que tinha méritos nessa matéria". p. 288, 299.
[8] Para servir de freio à câmara popular do legislativo nacional, a segunda câmara "[deveria] possuir grandes bens pessoais e ter o espírito aristocrático; deve gostar de comandar por orgulho. [...] O corpo aristocrático deve ser tão independente e firme quanto o democrático. [...] Para torná-lo independente, ele deve ser vitalício" (*Records*, v. 1, p. 512). Com sua habitual admiração pelo sistema britânico, Hamilton opinou, em seu primeiro discurso na Convenção, que a "Câmara dos Lordes é instituição nobilíssima. Nada tendo a esperar de mudanças e possuindo interesses suficientes por meio de suas propriedades, ela forma, em sua fidelidade ao interesse da nação, uma barreira permanente contra qualquer inovação perniciosa" (v. 1, p. 288, 18 de junho).

Suécia, por exemplo — estava simplesmente fora de cogitação. Assim, a necessidade de uma república federativa, e não de uma república unitária, não se justificava por um princípio extraído da experiência histórica geral, muito menos da teoria política. Tratava-se apenas de um fato evidente. Para que os norte-americanos se unissem numa única nação, era evidente para todos que um sistema federativo ou confederado era inescapável. Se os estados se manteriam ou não como eleitores fundamentais, portanto, nunca foi uma discussão séria na Convenção; a única questão contestada era apenas quanta autonomia eles concederiam ao governo central, se é que a concederiam.⁹

Os delegados tinham que enfrentar mais outro limite renitente: a necessidade de fazer concessões fundamentais, a fim de assegurar a concordância em torno de alguma constituição. A necessidade de concessões e as oportunidades que isso deu a coalizões e trocas de favores políticos significaram que a Constituição não tinha possibilidade de refletir uma teoria de governo coerente e unificada. As concessões eram necessárias, porque, como o país em geral, os participantes da Convenção tinham visões diferentes de algumas questões muito fundamentais.

Escravatura. Uma delas, é claro, era o futuro da escravidão. Quase todos os delegados dos cinco estados do Sul faziam ferrenha oposição a qualquer cláusula constitucional que viesse a pôr essa instituição em perigo. Embora os representantes dos outros sete estados estivessem longe de ser da mesma opinião sobre a escravatura, para eles estava perfeitamente claro que a única condição em que a coexistência seria aceitável para os delegados dos estados sulistas seria a preservação da posse de escravos. Por conseguinte, se esses delegados quisessem uma constituição federativa, teriam que ceder, quaisquer que fossem as

---

⁹ Alguns delegados eram favoráveis à ideia de eliminar os estados, de algum modo, e consolidar o poder no governo nacional. George Read, de Delaware, "antipatizava com a ideia de garantias territoriais. Ela incitava à ideia de estados distintos, que seriam perpétua fonte de discórdia. Só pode haver cura para esse mal eliminando-se inteiramente os estados e os unindo a todos em uma [única e] grande sociedade" (*Records*, v. 1, p. 202, 11 de junho). Read tinha feito uma proposta similar alguns dias antes, em 6 de junho (p. 136-137). Em seu discurso inicial, citado anteriormente, Hamilton propôs que "o governador ou presidente de cada estado seja nomeado pelo Governo Geral e tenha poder de veto sobre as leis a serem aprovadas no estado do qual for o governador ou presidente" (p. 293).

suas convicções acerca da escravatura. E foi o que fizeram. Apesar de alguns dos que assinaram o documento final abominarem essa prática, ainda assim aceitaram sua continuação, como o preço a ser pago por um governo federal mais forte.

Representação no Senado. Outro conflito de opiniões impossível de solucionar sem concessões unilaterais resultou da recusa peremptória dos delegados dos estados pequenos a aceitar qualquer constituição que não previsse a igualdade de representação no Senado. Os que se opunham a essa igualdade incluíam dois dos membros mais ilustres da Convenção — James Madison e James Wilson, que também estavam entre os principais arquitetos da carta magna. Ambos faziam uma oposição acerba ao que lhes parecia uma limitação arbitrária, desnecessária e injustificável das maiorias nacionais. Como observou Alexander Hamilton a propósito desse conflito:

> Visto que os estados são coleções de indivíduos, o que devemos respeitar mais: os direitos do povo que os compõe ou os seres artificiais que resultam da composição? Nada poderia ser mais ridículo ou absurdo do que sacrificar os primeiros a estes últimos. Houve quem dissesse que, se os estados menores renunciarem à sua igualdade, estarão renunciando ao mesmo tempo à sua liberdade. A verdade é que se trata de uma disputa de poder, não de liberdade. Porventura os homens que compõem os estados pequenos serão menos livres que os componentes dos maiores?[10]

Permitam-me dar-lhes um gostinho da elevada discussão que antecedeu a vitória dos pequenos estados. Ouçamos Gunning Bedford, de Delaware, falando no dia 30 de junho: "Os estados grandes não se atreverão a dissolver a Confederação. Se o fizerem, os pequenos encontrarão um aliado estrangeiro de maior honradez e boa fé, que os conduzirá pela mão e lhes fará justiça".

Ao que Rufus King, de Massachusetts, retrucou:

---

[10] *Records*, v. 1, p. 466.

Não posso permanecer sentado, sem chamar a atenção para a linguagem do excelentíssimo cavalheiro de Delaware. [...] Não fui eu que, com veemência sem precedentes nesta Casa, declarei-me pronto a voltar as esperanças da nação que nos é comum para a busca da proteção de mãos estrangeiras. [...] Muito me entristece que essa ideia lhe haja adentrado o coração. (...) De minha parte, qualquer que fosse a minha aflição, eu jamais cortejaria o auxílio de um poder estrangeiro.[11]

Confrontados com a recusa dos estados pequenos a aceitar qualquer coisa a menos, Madison, Wilson, Hamilton e os demais opositores da igualdade de representação finalmente aceitaram uma concessão quanto aos princípios, como o preço a ser pago por uma carta magna. A solução da igualdade de representação não foi, na época, produto da teoria constitucional, de princípios elevados nem de projetos grandiosos. Nada mais foi que o resultado prático de uma dura negociação, com a qual os opositores acabaram concordando, a fim de chegarem a uma constituição.[12]

A propósito, esse conflito ilustra algumas das complexidades das coalizões de votação na Convenção Constitucional, pois a facção oposta à igualdade de representação no Senado incluía quatro parceiros estranhos: Madison, Wilson, Hamilton e Gouverneur Morris. Embora os quatro apoiassem, de modo geral, as medidas destinadas a fortalecer o governo federal, Madison e Wilson costumavam endossar propostas que pendiam para uma república mais democrática, enquanto Hamilton e Morris tendiam a apoiar uma república mais aristocrática.

---

[11] *Records*, v. 1, p. 492-493. Formulei essas observações na primeira pessoa. Nas notas publicadas de Madison elas estão registradas na terceira.

[12] Os defensores da igualdade de representação no Senado foram derrotados, em 29 de junho, por seis votos estaduais a favor e quatro contra, ficando um dos estados dividido (Maryland). Sua proposta de igualdade no Senado chegou a um impasse, em decorrência do empate na votação de 2 de julho (cinco a cinco, com a Georgia dividida), e finalmente saiu vencedora em 7 de julho, com cinco votos sim, três votos não e dois estados divididos (Massachusetts e Georgia). *Records* v. 1, p. 549.

ELEMENTOS ANTIDEMOCRÁTICOS
NA CONSTITUIÇÃO DOS AUTORES

Foi dentro desses limites, portanto, que os Autores construíram a Constituição. Como não é de admirar, ela ficou muito aquém dos requisitos que as gerações posteriores considerariam necessários e desejáveis numa república democrática. Julgada pelas perspectivas posteriores e mais democráticas, a Constituição dos Autores continha pelo menos sete falhas importantes.

Escravidão. Primeiro, ela não proibiu a escravatura nem deu ao Congresso poderes para fazê-lo. Na verdade, a concessão feita no tocante à escravidão não apenas negou ao Congresso o poder efetivo de proibir a importação de escravos, até o ano de 1808,[13] como deu sanção constitucional a um dos subprodutos mais objetáveis, em termos morais, de uma instituição moralmente repulsiva: as leis sobre escravos fugidos, em cujos termos o escravo que conseguisse fugir para um estado livre tinha que ser devolvido a seu senhor, de quem continuava a ser propriedade.[14] O fato de terem sido necessários três quartos de século e uma sangrenta guerra civil para que a escravidão fosse abolida deve ao menos deixar-nos em dúvida a respeito de devermos encarar o documento dos Autores como uma escritura sagrada.

Sufrágio: em segundo lugar, a Constituição não garantiu o direito de sufrágio, deixando as qualificações deste por conta dos estados.[15] Implicitamente, ela deixou instituída a exclusão de metade da população [branca] — a metade feminina —, bem como de afro-americanos e indígenas.[16] Como sabemos, levou um século e meio para que as mulheres tivessem a garantia constitucional do direito

---

[13] Artigo I, Seção 9. Para uma excelente descrição do único debate público completo sobre a questão da escravatura, ver ELLIS, Joseph J. *Founding brothers*: the revolutionary generation. Nova York: Alfred A. Knopf, 2000. p. 81-119. O debate teve lugar na Câmara dos Deputados em março de 1790, em reposta a petições dos quacres de Nova York e Filadélfia, que "[exigiam] que o governo federal pusesse um fim imediato ao tráfico de escravos africanos" (p. 81).

[14] Artigo IV, Seção 2.

[15] Artigo I, Seções 2, 3.

[16] Para um estudo magistral da evolução da cidadania norte-americana, ver SMITH, Rogers. *Civic ideals*: conflicting visions of citizenship in U.S. History. New Haven:

de voto, e quase dois séculos para que um presidente e o Congresso conseguissem superar o veto efetivo de uma minoria de estados, a fim de aprovar a legislação destinada a garantir o direito de voto dos afro-americanos.

Eleição do presidente: em terceiro lugar, o poder executivo foi investido em um presidente cuja escolha, de acordo com as intenções e o desígnio dos Autores, deveria ser isolada das maiorias populares e do controle do Congresso. Como veremos, a principal proposta dos Autores para atingir esse fim — um corpo de eleitores presidenciais composto por homens de saber e virtude excepcionais, que escolheriam o executivo chefe sem sofrerem a influência da opinião popular — foi quase imediatamente jogada na lixeira da história por líderes que eram simpáticos aos crescentes impulsos democráticos do povo norte-americano, entre eles o próprio James Madison. Provavelmente, nada do que foi feito pelos Autores ilustra com mais nitidez a sua incapacidade de prever o formato que a política assumiria numa república democrática. (Falarei mais do colégio eleitoral em um capítulo posterior.)

Escolha de senadores: em quarto lugar, os senadores deveriam ser escolhidos não pelo povo, mas pelas assembleias legislativas estaduais, para mandatos de seis anos.[17] Embora esse arranjo ficasse aquém das ambições de delegados como Gouverneur Morris, que queriam constituir uma câmara alta aristocrática, ele ajudaria a assegurar que os senadores fossem menos receptivos às maiorias populares e, quem sabe, mais sensíveis às necessidades dos proprietários de terras. Assim, os membros do Senado serviriam de freio para os deputados, todos os quais estavam sujeitos a eleições populares a cada dois anos.[18]

Igualdade de representação no Senado: a tentativa de criar um Senado que fosse uma versão republicana da aristocrática Câmara dos Lordes foi desvirtuada, como vimos, por uma disputa prolon-

---

Yale University Press, 1997. Sobre a omissão da cidadania das mulheres, índios e afro-americanos na Constituição, ver p. 130-134.
[17] Artigo I, Seção 3.
[18] Pelo mesmo eleitorado do "corpo mais numeroso do legislativo estadual" (Artigo I, Seção 2).

gada e acerba em torno de uma questão inteiramente diferente: deveriam os estados ser igualmente representados no Congresso, ou deveriam os membros de ambas as casas ser alocados de acordo com a população? Essa pergunta não apenas deu origem a um dos problemas mais diruptivos da Convenção, como também resultou num quinto aspecto antidemocrático da Constituição. Em consequência do famoso — ou, do ponto de vista democrático, infame — "Acordo de Connecticut", concedeu-se a cada estado, como vimos, o mesmo número de senadores, sem respeitar as populações estaduais. Embora esse arranjo tenha deixado de proteger os direitos e interesses fundamentais das minorias mais desfavorecidas, algumas minorias estrategicamente situadas e altamente privilegiadas — os senhores de escravos, por exemplo — ganharam um poder desproporcional sobre as políticas de governo, à custa das minorias menos privilegiadas. (Voltarei a esse elemento da Constituição num capítulo posterior.)

Poder Judiciário. Em sexto lugar, a Constituição dos Autores não restringiu os poderes do Judiciário para declarar a inconstitucionalidade de leis antes adequadamente aprovadas pelo Congresso e assinadas pelo presidente. O que pretendiam os delegados, em termos de revisão judicial, permanecerá eternamente obscuro. É provável que não houvesse clareza na própria mente de muitos delegados e, na medida em que eles sequer chegaram a discutir a questão, não alcançaram um acordo pleno. Não obstante, é provável que a maioria tenha aceitado a ideia de que os tribunais federais deveriam decidir sobre a constitucionalidade das leis estaduais e federais, nos casos a eles levados para julgamento. Todavia, também é provável que fosse intenção da substancial maioria que os juízes federais não participassem da criação das leis e das políticas de governo, responsabilidade que claramente competia não ao Poder Judiciário, mas ao Poder Legislativo. Sua oposição a qualquer papel do Judiciário como criador de leis é vivamente indicada por sua reação à proposta, no Plano da Virgínia, de que "o Executivo e um número conveniente de membros do Judiciário nacional componham um conselho de revisão" com poderes para vetar leis do Legislativo nacional. Apesar de ter sido vigorosamente defendida por Madison e

Mason, essa cláusula perdeu a votação por uma contagem de seis estados contra três.[19]

Um veto do Judiciário é uma coisa; legislação judiciária é outra, muito diferente. O que quer que possam ter pensado alguns delegados estaduais sobre a conveniência de os juízes compartilharem com o Executivo a autoridade para vetar leis aprovadas pelo Congresso, tenho razoável certeza de que nenhum deles daria o menor apoio a uma proposta de que os próprios juízes tivessem poder para legislar, para criar a política nacional. Entretanto, a consequência do trabalho desses homens foi que, a pretexto de rever a constitucionalidade de ações ou inações do governo e do Congresso, o Judiciário federal veio a se engajar, tempos depois, no que em alguns casos só se poderia chamar de formulação de políticas pelo Judiciário — ou, se preferirmos, legislação judiciária.[20]

Poder do Congresso: por último, os poderes do Congresso sofreram tipos de limitações que podiam impedir o governo federal — e o impediram, em algumas ocasiões — de regular ou controlar a economia por meios que todos os governos democráticos modernos adotaram. Sem o poder de tributar a renda, por exemplo, a política fiscal, para não falar de medidas como a seguridade social, seria impossível. E as medidas reguladoras — sobre tarifas ferroviárias, segurança aérea, alimentos e medicamentos, atividade bancária, salário mínimo e muitas outras políticas — não tiveram uma autorização constitucional clara. Embora seja anacrônico acusar os Autores de falta de visão nessas questões,[21] a Constituição, a menos que pudesse ser alterada

---

[19] *Records*, v. 2, p. 83.

[20] Para comprovações de que às vezes o Supremo Tribunal desempenha esse papel, ver meu artigo "Decision-making in a democracy: the Supreme Court as a national policy-maker". *Journal of Public Law*, v. 6, n. 2, p. 279-295, 1958.

[21] Convém assinalar que, dada a oposição política a qualquer ampliação dos poderes federais, é bem possível que os Autores tenham ido tão longe quanto era possível. Seus principais adversários, os antifederalistas, que viam a Constituição como uma ameaça ao governo do povo no nível estadual, levantavam a objeção de que os poderes do Congresso para regular o comércio interestadual eram excessivos. PERRY, Richard L. (Org.). *The sources of our liberties*: documentary origins of individual liberties in the United States Constitution and Bill of Rights. Nova York: American Bar Association, 1959. p. 240.

por emendas ou pela heroica reinterpretação de suas cláusulas — presumivelmente, pelo que acabei de chamar de legislação judiciária —, impediria os representantes de maiorias posteriores de adotarem as políticas que julgassem necessárias para chegar à eficiência, à imparcialidade e à segurança numa complexa sociedade pós-agrária.

Por mais que a carta magna dos Autores possa ter sido esclarecida, segundo os padrões do século XVIII, as gerações futuras, com aspirações mais democráticas, achariam objetáveis — e até inaceitáveis — alguns de seus aspectos antidemocráticos. A expressão pública dessas aspirações democráticas crescentes não tardaria a surgir.

Nem mesmo Madison previu — e é provável que não pudesse prever — a revolução democrática pacífica que estava prestes a começar. É que a Guerra da Independência dos Estados Unidos da América logo entraria numa fase nova e imprevista.

A CONSTITUIÇÃO DOS AUTORES DEPARA COM CONVICÇÕES DEMOCRÁTICAS EMERGENTES

Podemos tender a pensar na república norte-americana e em sua carta magna como produto exclusivo de líderes inspirados por uma sabedoria e virtude extraordinárias. Contudo, sem um conjunto de cidadãos comprometidos com princípios republicanos e capazes de se autogovernar de acordo com esses princípios, a Constituição logo teria sido pouco mais que um pedaço de papel. Como viria a revelar a experiência histórica, nos países em que as convicções democráticas eram frágeis ou ausentes, as constituições efetivamente se transformaram em pouco mais que pedaços de papel — prontamente violadas e logo esquecidas.

A república democrática norte-americana não foi criada nem poderia ter sido mantida durante muito tempo apenas por líderes, por mais que eles fossem talentosos. Foram eles, sem dúvida, que projetaram o que lhes pareceu ser uma estrutura adequada para uma república. Mas foi o povo norte-americano, com os líderes receptivos a ele, que garantiu que a nova república viesse rapidamente a se tornar uma república *democrática*.

A fase protorrepublicana. As ideias, as práticas e a cultura política necessárias para sustentar um governo republicano de modo algum eram desconhecidas dos norte-americanos. Ao contrário de alguns países que passaram da ditadura para formas democráticas, quase da noite para o dia, e que não raro passaram em seguida para o caos e de novo para a ditadura, os norte-americanos, em 1787, já haviam acumulado um século e meio de experiência na arte de governar.

O longo período colonial havia proporcionado aos líderes e a muitos homens comuns a oportunidade de se familiarizarem com os requisitos do autogoverno, tanto sob a forma direta das assembleias de cidadãos quanto por meio da eleição de representantes para o Poder Legislativo das colônias.[22] É fácil esquecermos que, embora a Declaração da Independência, em seus dois famosos parágrafos iniciais, tenha explicitado algumas afirmações novas e audaciosas, no restante daquele documento — a parte que poucos se dão o trabalho de ler, hoje em dia —, os autores basicamente protestaram contra o rei britânico por violar direitos dos quais, com certo exagero, eles haviam desfrutado anteriormente, na condição de ingleses.

A fase republicana. A fase seguinte, que criou uma república popular, tinha-se iniciado com a espantosa declaração, feita em 4 de julho de 1776, de que "todos os homens são criados iguais". A Declaração marcou o início de uma série de eventos que foram muito além da simples conquista da independência do jugo da Grã-Bretanha. No que o historiador Gordon Wood chamou de "o maior movimento utópico da história norte-americana",[23] a Declaração também desencadeou uma revolução democrática — ou melhor, uma evolução — nas convicções, nas práticas e nas instituições, evolução esta que tem continuado desde então. As duas décadas decorridas desde a independência haviam proporcionado uma experiência ainda maior e mais profunda nas práticas de governo autônomo. E essa experiência

---

[22] Para uma descrição do desenvolvimento das ideias e práticas concernentes ao governo popular nas colônias norte-americanas, ver MORGAN, Edmund S. *Inventing the people*: the rise of popular sovereignty in England and America. Nova York: W. Norton, 1988. Especialmente capítulos 8 e 9, p. 174-233.
[23] WOOD, Gordon S. *The radicalism of the American Revolution*. Nova York: Alfred A. Knopf, 1992. p. 230.

não se limitou a uma pequena minoria. Em alguns dos 13 estados, uma proporção bastante elevada dos homens adultos havia adquirido o direito de voto.[24]

Por uma república democrática. A longa experiência colonial e pós-independência proporcionou uma base sólida para os esforços que os norte-americanos passaram a fazer na fase seguinte da revolução, quando a nova república foi transformada numa república *mais democrática*. Não há dúvida de que, no fim do século XVIII, poucos norte-americanos se dispunham a admitir que os princípios da Declaração, e muito menos a cidadania, se aplicavam a todos.[25] Seriam necessários mais dois séculos de evolução das crenças democráticas para que a maioria dos estadunidenses se inclinasse a concordar em que a famosa afirmação da Declaração podia ser reformulada, dizendo não apenas "todos os homens", porém "todas as *pessoas* são criadas iguais".

Contudo, sempre tendo em mente as enormes e persistentes exceções, pelos padrões que prevaleciam em outras partes do mundo,

---

[24] Os números são incertos. Em algumas colônias, é possível que o sufrágio tenha se tornado mais restrito durante o período colonial. "O que também não é claro é exatamente quantas pessoas podiam votar e de fato votavam. Essa questão é fonte de controvérsia entre os historiadores, alguns dos quais concluem que os Estados Unidos coloniais eram uma terra de democracia da classe média, na qual 70% ou 80% de todos os homens brancos adultos tinham direito de voto, enquanto outros retratam uma ordem política muito mais oligárquica e exclusiva. Na verdade, a concessão do direito de voto variava imensamente conforme o local. Decerto havia comunidades, sobretudo as recém-estabelecidas, em que a terra era barata e em que 70% ou 80% de todos os homens brancos tinham direito de voto. Mas havia locais […] em que as percentagens eram muito menores, mais próximas dos 40% ou 50%. Os níveis de concessão do direito de voto parecem ter sido maiores na Nova Inglaterra e no sul (especialmente na Virgínia e nas Carolinas do Norte e do Sul) do que nas colônias do Atlântico (principalmente Nova York, Pensilvânia e Maryland); como não é de admirar, também tendiam a ser maiores nos povoamentos mais novos do que nas áreas mais desenvolvidas. *Grosso modo*, o direito de voto era muito mais difundido do que na Inglaterra; todavia, ao se aproximar a revolução, a taxa da propriedade de terras vinha caindo e a proporção de homens brancos adultos com direito a votar era, provavelmente, inferior a 60%." KEYSSAR, Alexander. *The right to vote*: the contested history of democracy in the United States. Nova York: Basic Books, 2000. p. 7.
[25] Sobre a exclusão de mulheres, índios e afro-americanos na Constituição, ver Alexander Keyssar, *The right to vote*, op. cit., p. 130-134.

o grau de igualdade entre os norte-americanos era extraordinário. Aléxis de Tocqueville, que observou essa população durante sua visita de um ano em 1831-32, iniciou seu famoso livro com estas palavras:

> Entre os novos objetos que me despertaram a atenção durante minha temporada nos Estados Unidos, nada me impressionou mais do que a igualdade geral de condições. Descobri prontamente a prodigiosa influência que esse fato primário exerce em todo o rumo da sociedade, ao conceder certa direção à opinião pública e certo teor às leis; ao transmitir novas máximas aos poderes governantes, bem como hábitos peculiares aos governados.
>
> Em especial, percebi que a influência desse fato se estende muito além do caráter político e das leis do país, e que exerce não menos domínio sobre a sociedade civil do que sobre o governo. [...]
>
> Quanto mais avancei no estudo da sociedade norte-americana, mais percebi que a igualdade de condições é o fato fundamental de que parecem derivar todos os outros, bem como o ponto central em que constantemente terminavam todas as minhas observações.[26]

Durante as três décadas anteriores à chegada de Tocqueville, sob a liderança de Jefferson, Madison e outros, os defensores de uma república mais democrática já haviam feito algumas mudanças. O desvio sísmico das concepções dos Autores e dos federalistas é simbolizado pela modificação do nome do partido que conquistou a presidência e o Congresso na eleição que Jefferson chamou — como fizeram historiadores posteriores — de Revolução de 1800. Para derrotar os federalistas, vencer a eleição e obter o controle do novo governo, Jefferson e Madison haviam criado um partido político que chamaram, apropriadamente, de Partido Democrata-Republicano. Em 1832, com Andrew Jackson como seu candidato vencedor, o Partido De-

---

[26] *Democracy in America*. Tradução de Henry Reeve. Nova York: Schocken, 1961. v. 1, p. lxvii.

mocrata-Republicano transformou-se no Partido Democrata, puro e simples.[27] O nome perdura desde então.

Os delegados conservadores entre os Autores — núcleo posterior do Partido Federalista — temiam que, se as pessoas comuns pudessem ter livre acesso ao poder, introduziriam políticas contrárias às ideias e aos interesses das classes mais privilegiadas, e estes, na perspectiva pela qual os delegados conservadores viam seus próprios interesses, eram também os interesses do país. Tais temores conservadores não tardaram a se confirmar. Em menos de uma década, os eminentes líderes federalistas foram postos de lado e o Partido Federalista tornou-se minoritário. A geração seguinte assistiu à extinção dele e ao desaparecimento de seus líderes.

Se essas mudanças justificavam parte do pessimismo referente às maiorias populares em muitos Autores, tal pessimismo revelou-se injustificado em outro aspecto importante. Um número substancial de Autores acreditava que devia erguer barreiras constitucionais contra o governo popular, porque o povo se mostraria uma turba desregrada, um perigo permanente para a lei, o governo ordeiro e os direitos de propriedade. Contrariando essas avaliações pessimistas, quando os cidadãos norte-americanos foram dotados de direitos e oportunidades de apoiar demagogos e agitadores das massas, optaram, em vez disso, por apoiar a lei, o governo ordeiro e os direitos de propriedade. Afinal, os homens brancos norte-americanos eram, sobretudo, fazendeiros proprietários de terras, ou, nos locais em que a terra cultivável não era fácil de achar, por já ter sido quase toda ocupada, eles podiam contar com a disponibilidade imediata de boas terras agrícolas mais a

---

[27] Embora Jefferson e seus seguidores se referissem com frequência a seu grupo político como "republicano", seu partido parece haver adotado o nome "Democrata-Republicano" já em 1796, e o conservou até a eleição de 1828. Em 1820, Monroe concorreu como candidato democrata-republicano, e Adams, como democrata-republicano independente. Em 1824, todos os quatro candidatos — Adams, Jackson, Crawford e Clay — concorreram como facções do partido Democrata-Republicano. Em 1828, Jackson concorreu como democrata-republicano, e Adams, como candidato nacional-republicano. Em 1832, Jackson concorreu como candidato do Partido Democrata, e Clay, pelo partido Nacional Republicano. CONGRESSIONAL QUARTERLY. *Presidential elections since 1789*. 2. ed. Washington, DC: Congressional Quarterly, 1979. p. 19-27.

oeste — não raro obtidas, é claro, à custa de seus habitantes anteriores, os indígenas norte-americanos.

Americanos brancos em vasta quantidade compraram terras no Oeste e se estabeleceram em suas fazendas. "Dois terços dos homens brancos não proprietários de terras na Virgínia mudaram-se para o Oeste na década de 1790. [...] Entre 1800 e 1820, a população transapalachiana cresceu de um terço de milhão para mais de dois milhões de pessoas."[28] Ao prever uma república democrática baseada num corpo de cidadãos predominantemente composto por fazendeiros independentes, sobretudo proprietários cultivando suas próprias terras, Jefferson refletiu a realidade de sua época.[29] Fora do Sul e mesmo no piemonte meridional, um número predominante de cidadãos norte-americanos compunha-se de agricultores livres, que teriam a ganhar com um governo ordeiro que dependesse de seus votos.

Os cidadãos comuns também revelaram sólidas convicções dos valores e procedimentos democráticos. Sendo-lhes oferecida a oportunidade, escolhiam líderes que cultivavam valores e práticas democráticos. Justamente uma dessas oportunidades não tardou a ser apresentada por quatro leis aprovadas em 1798 pelos federalistas, alarmados não apenas com as atividades aparentemente subversivas da França, mas também com a influência rapidamente crescente de adversários turbulentos, irreverentes e, às vezes, difamadores, no novo Partido Republicano. Em particular, os federalistas empregaram uma dessas novas leis, a Lei de Sedição, no esforço de silenciar as críticas dos republicanos. Destacou-se entre os 14 que foram processados um

---

[28] APPLEBY, Joyce. *Inheriting the Revolution*: the first generation of Americans. Cambridge, Massachusetts: Harvard University Press, 2000. p. 65.

[29] "Quando se abriram cartórios de registro de terras na região inexplorada do Oeste, as vendas dispararam. Em 1800, cerca de 67.000 acres passaram para as mãos de particulares, e esse número saltou para 497.939 acres em 1801. Em 1815, as vendas anuais atingiram um milhão e meio de dólares, e mais do que dobraram quatro anos depois." Joyce Appleby, *Inheriting the Revolution*, op. cit., p. 64. Como observou Gordon Wood em sua resenha, "Dezenas de milhares de pessoas comuns levantaram acampamento no Leste e se mudaram para o Oeste, ocupando mais território numa única geração do que havia ocorrido nos 150 anos de história colonial". Early American get-up-and-go. *New York Review*, 29 jun. 2000. p. 50.

deputado republicano bombástico e meio intragável, o imigrante irlandês Mathew Lyon, cuja única contribuição memorável para a história norte-americana foi sua condenação por sedição, que lhe impôs uma multa de mil dólares — um valor enorme na época — e quatro meses de prisão.[30] Para os republicanos, a Lei de Sedição era uma violação flagrante da recém-adotada Primeira Emenda. Depois que eles conquistaram a presidência e o controle do Congresso na eleição de 1800, permitiu-se que tal lei caducasse, apesar dos vigorosos esforços dos federalistas.

MUDANÇAS DEMOCRÁTICAS NA CONSTITUIÇÃO DOS AUTORES: EMENDAS

O destino das Leis sobre Estrangeiros e Sedição simboliza uma mudança maior em andamento no país. A revolução democrática, por mais intermitente e insegura que sempre se viesse a manter, não só ajudou a democratizar a Constituição formal em si, por meio de emendas, como gerou novas instituições e práticas políticas democráticas dentro das quais o sistema constitucional viria a operar. O sistema constitucional que emergiu já não foi o dos Autores, nem foi o que eles tencionavam criar.

A Declaração de Direitos dos Cidadãos dos Estados Unidos. Sem dúvida, as 10 primeiras emendas à Constituição — a Declaração de Direitos — não podem ser atribuídas à revolução democrática que se seguiu à Convenção. Elas resultaram, antes, de demandas feitas na própria Convenção por delegados que favoreciam, de modo geral, um sistema mais democrático do que o aceitável para seus colegas na época. Entre os mais influentes deles estava George Mason, que redigiu a Constituição da Virgínia e sua Declaração de Direitos. Atendendo às demandas insistentes de Mason e vários outros, bem como a vozes semelhantes fora da Convenção, um conterrâneo virginiano

---

[30] Para um retrato nada simpático, ver ELKINS, Stanley; MCKITRICK, Eric. *The age of federalism: the early American republicanism, 1788-1900.* Nova York: Oxford University Press, 1993. p. 706 ss.

de Mason, James Madison, redigiu 10 emendas que foram ratificadas em 1789-90 por 11 estados, número mais do que suficiente para que fossem adotadas. (A propósito, os dois retardatários, os estados da Geórgia e Connecticut, finalmente mudaram de ideia — mas só em 1939!) Assim, para todos os efeitos práticos, a Declaração de Direitos fez parte da carta magna original. Seja como for, as emendas se revelaram uma verdadeira cornucópia de direitos crescentes, necessários a uma ordem democrática.[31]

OUTRAS EMENDAS

Como mencionei, a mais profunda violação dos direitos humanos permitida pela Constituição original, a *escravatura*, só foi corrigida quando da adoção da Décima Terceira, Décima Quarta e Décima Quinta Emendas, entre 1865 e 1870. Em 1913, a Décima Sexta Emenda deu ao Congresso o poder de estabelecer e coletar *impostos sobre a renda*. A *eleição de senadores dos Estados Unidos* pelas assembleias legislativas estaduais abriu caminho enfim para a eleição direta com a adoção da Décima Sétima Emenda, em 1913. Finalmente se garantiu às *mulheres* o direito de sufrágio nas eleições federais e estaduais com a aprovação da Décima Nona emenda, em 1919. Apesar de haver fracassado o esforço de acrescentar uma Emenda sobre Igualdade de Direitos, a Décima Quarta Emenda foi interpretada, posteriormente, como fornecendo uma base constitucional para se eliminar a *discriminação* das mulheres, bem como de certas minorias cujos membros sofriam práticas discriminatórias. O iníquo *imposto eleitoral*, que havia continuado a impedir os afro-americanos de votar em algumas áreas do Sul, foi finalmente proibido em 1964 pela Vigésima Quarta Emenda. Por último, num gesto em direção a um

---

[31] Por mais que se possa ter dúvidas — e são profundas as minhas — sobre a importância contemporânea de a Segunda Emenda garantir às pessoas "o direito de possuir e portar armas", não tenho dúvida de que os contemporâneos a viam como importante para preservar sua liberdade de um governo central potencialmente perigoso.

eleitorado mais inclusivo, a Vigésima Sexta Emenda, em 1971, reduziu a *idade eleitoral* para 18 anos.

Dessa maneira hesitante, a revolução democrática introduziu-se tardiamente na Constituição, para superar o poder de veto de minorias entrincheiradas desde longa data e eliminar alguns dos aspectos mais flagrantemente antidemocráticos da carta magna. Como observou Alan Grimes, alguns anos atrás, entre as 26 (hoje 27) emendas feitas a ela, "Pode-se dizer que vinte e uma emendas afirmam o princípio dos direitos democráticos ou o dos processos democráticos".[32]

MUDANÇAS DEMOCRÁTICAS NAS PRÁTICAS E NAS INSTITUIÇÕES POLÍTICAS

A Constituição dos Autores não foi modificada apenas por emendas formais. Foi também fundamentalmente alterada por práticas e instituições políticas que os Autores não previram, ainda que fossem inevitáveis — na verdade, sumamente desejáveis — numa república democrática.

Partidos políticos. Talvez a mais importante delas tenha sido o partido político. Os Autores temiam e detestavam as facções, conforme a famosa visão expressa por Madison no Artigo 10 de *O federalista*.[33] É provável que nenhuma afirmação tenha sido citada com tanta frequência para explicar e justificar as coibições contra as maiorias populares que os Autores tentaram introduzir na Constituição. Por isso, é sumamente irônico que, mais do que qualquer um, excetuado Jefferson, tenha sido Madison quem ajudou a criar o Partido Republicano, para derrotar os federalistas. Embora o sistema não viesse a se consolidar por mais alguns anos, Jefferson e Madison ajudaram a inaugurar o competitivo sistema bipartidário que praticamente se manteve instaurado desde então.

---

[32] GRIMES, Alan. *Democracy and the amendments to the Constitution.* Lexington, Massachusetts: Lexington Books, 1978. p. 166.
[33] *The federalist.* Nova York: Modern Library, s.d. p. 53 ss.

E isso sugere outras perguntas. A despeito da afirmação de todo partido político, em qualquer parte do mundo, de que ele realmente representa o interesse geral, será que os partidos políticos não são "facções", na verdade, no sentido de Madison? Então, terão os Autores deixado de impedir o governo exercido por facções, afinal? E será que só conseguiram tornar mais difícil a prevalência da facção majoritária, isto é, de um partido que refletisse os interesses de uma coalizão da maioria?

Sejam quais forem as melhores respostas a essas difíceis perguntas, não se pode negar que a política partidária transformou a Constituição. Apesar da familiaridade com o papel dos tóris e dos *whigs* na Grã-Bretanha, bem como dos partidos nascentes em seus próprios legislativos, os Autores não previram plenamente que, numa república democrática, os partidos políticos não apenas seriam possíveis, mas também inevitáveis e desejáveis. Como logo perceberam Jefferson e Madison, sem um partido político organizado para mobilizar os eleitores nos estados e o apoio de seus correligionários no Congresso, eles não teriam qualquer possibilidade de superar a entrincheirada dominação política de seus adversários políticos, os federalistas. Os direitos democráticos incorporados na Declaração de Direitos possibilitaram os partidos; a necessidade de competir com eficácia tornou-os inevitáveis; sua capacidade de representar cidadãos que de outro modo não seriam adequadamente representados tornou-os desejáveis.

Hoje em dia, admitimos como um dado de realidade que os partidos políticos e a concorrência partidária são essenciais para a democracia representativa: podemos ter certeza de que um país totalmente desprovido de partidos competitivos é um país sem democracia. Se os Autores estivessem a par da importância central dos partidos políticos para as repúblicas democráticas, teriam concebido sua constituição de outra maneira? É bem possível que sim. No mínimo, não teriam criado o absurdo de um colégio eleitoral.

O colégio eleitoral. Como um efeito que os Autores possibilitaram, por sua concepção falha do colégio eleitoral, a eleição de 1800 produziu um empate entre Jefferson e seu concorrente, Aaron Burr. Desde o momento em que foram conhecidos os resultados finais, ao término de dezembro de 1800, o impasse persistiu no colégio eleitoral, apesar das muitas tentativas de persuasão e conciliação, até 17 de fevereiro de 1801, quando mudanças e abstenções por parte de algumas delegações estaduais deram a Jefferson a presidência.[34] Ironicamente, a própria instituição que os Autores esperavam que isolasse a eleição presidencial da política partidária foi sua primeira vítima. Embora um fiasco similar tenha sido prevenido, posteriormente, pela Décima Segunda Emenda, em 1804, mesmo com esta o colégio eleitoral foi convertido pela política partidária em nada além de um modo bastante peculiar e ritualizado de alocar os votos dos estados para presidente e vice-presidente. No entanto, o colégio eleitoral continuou a preservar características que violavam abertamente alguns princípios democráticos fundamentais: os cidadãos de estados diferentes viriam a ser desigualmente representados, e um candidato com o maior número de votos populares poderia perder a presidência, por causa da incapacidade de conquistar a maioria no colégio eleitoral. Que esse desfecho era mais do que uma possibilidade teórica já fora demonstrado em três ocasiões, antes de ele ser exibido aos olhos do mundo inteiro na eleição de 2000. Voltarei às deficiências democráticas do colégio eleitoral num capítulo posterior.

A REVOLUÇÃO DEMOCRÁTICA:
O QUE MADISON APRENDEU — E ENSINOU

James Madison chegou à Filadélfia em 1787, poucos meses depois de completar 36 anos. Já estava longe de ser um neófito na política, pois fora eleito aos 25 anos para a convenção constitucional da Virgínia, na qual, com George Mason, havia ajudado a redigir a Declaração de Direitos da Virgínia e a nova constituição estadual. Tornara-se então, sucessivamente, membro da assembleia legislativa da Virgínia (apesar de não ter sido reeleito, por ter-se recusado, segundo se dizia, a

---

[34] As manobras amiúde obscuras que precederam essa solução de compromisso encontram-se descritas em WEISBERGER, Bernard A. *America afire*: Jefferson, Adams, and the revolutionary election of 1800. Nova York: William Morrow, 2000. p. 258-277.

oferecer aos eleitores o costumeiro ponche de frutas com rum), delegado do Congresso Continental e, mais uma vez, membro da assembleia legislativa virginiana. Nos meses que antecederam a abertura da Convenção Constitucional, ele redigiu o rascunho da proposta que seria apresentada nos primeiros dias da Convenção e que viria a ser conhecida como Plano da Virgínia. (Teremos algo a dizer sobre seu conteúdo no próximo capítulo.)

Todavia, por mais experiente que fosse, Madison levou para a Convenção, tal como os demais delegados, um conhecimento limitado das instituições e práticas democráticas que seriam exigidas por uma república mais plenamente democrática. Antes de sua morte, em 1836, aos 85 anos, quase meio século depois da Convenção, Madison poderia relembrar um riquíssimo corpo de experiências que teria moldado de muitas maneiras suas ideias constitucionais.

Após a Convenção, ele foi eleito para a Câmara dos Deputados estadunidense, onde redigiu e apresentou as primeiras 10 emendas à Constituição — a Declaração de Direitos dos Cidadãos dos Estados Unidos. Com Jefferson, logo se tornou líder da oposição às políticas e ideias federalistas. Como vimos, os dois formaram e conduziram o partido da oposição, o Democrata-Republicano. Depois da eleição de Jefferson, Madison tornou-se secretário de Estado. Em seguida, sucedeu a Jefferson na presidência. Ao deixar esse cargo, em 1817, é provável que suas ideias sobre as instituições políticas democráticas fossem tão esclarecidas quanto as de qualquer pessoa viva naquela época.

Como quer que fosse, o Madison de 1821, aos 70 anos, já não era o Madison de 36 anos de 1787. Entre outras mudanças, o Madison de 1821 confiaria muito mais nas maiorias populares — nas maiorias populares norte-americanas, pelo menos — do que o Madison de 1787. Por isso, o político maduro e experiente de 1821 teria feito menos para impedir e mais para facilitar a regra da prevalência da maioria. Permitam-me oferecer várias provas, uma delas proveniente de uma época nos primórdios do despertar de Madison para as exigências de uma república democrática, outras vindas de suas reflexões da velhice.

Já aludi à primeira: a alteração básica de suas opiniões sobre as "facções", ou o que dois eminentes historiadores do federalismo descreveram como "Madison revisa *O federalista*".³⁵ As ideias de Madison no Artigo 10 de *O federalista*, influenciadas por sua leitura de David Hume, são interminavelmente citadas: os perigos das facções, a ameaça das maiorias unidas em torno de princípios contrários ao interesse geral, os partidos políticos como um mal necessário, se tanto. Mas não foram essas as suas ideias na maturidade.

Em janeiro de 1792, menos de cinco anos após o encerramento da Convenção, Madison começou a publicar uma série de ensaios em *The Gazette*, um jornal da oposição editado por Philip Freneau. O primeiro deles intitulou-se "Sobre os partidos". Em "toda sociedade política", escreveu ele, "os partidos são inevitáveis". Para combater seus perigos, Madison ofereceu cinco propostas que bem poderiam ser-nos mais úteis em nossa época do que os vieses antimajoritários exibidos no Artigo 10 de *O federalista*. Quaisquer perigos que os partidos políticos possam representar são passíveis de superação,

Por estabelecerem a igualdade política entre todos.

Por retirarem de uma minoria as oportunidades desnecessárias de aumentar a desigualdade das posses, mediante uma acumulação imoderada e sobretudo desmerecida de bens.

Pela atuação silenciosa das leis, que, sem violarem o direito de propriedade, reduzem a riqueza extrema a um estado de mediocridade e elevam a indigência extrema a um estado de conforto.

Pela abstenção de medidas que atuem de forma diferente sobre interesses diferentes, e que favoreçam particularmente um interesse em detrimento de outro.

Por fazerem de um partido um freio sobre os outros, na medida em que a existência dos partidos não pode ser impedida nem podem ser conciliadas as suas visões.³⁶

---

[35] Stanley Elkins e Eric McKitrick, *The age of federalism*, op. cit., p. 263 ss.
[36] James Madison, *The federalist*, op. cit., p. 267.

"Se esta não é a linguagem da razão", disse ele ainda, "é a do republicanismo."

Quase 30 anos depois (por volta de 1821), quando preparava para publicação as suas anotações sobre os debates constitucionais, ele registrou algumas de suas reflexões posteriores. Quanto ao direito de sufrágio, comentou que suas observações na Convenção "não transmitem a visão mais plena e madura do orador [Madison] sobre o assunto". "O direito de sufrágio", insistiu ele nesse momento, "é um artigo fundamental das constituições republicanas." Ele também explicitou sua visão dos partidos políticos: "Nenhum país livre jamais existiu sem partidos, que são uma decorrência natural da liberdade". Mas os partidos políticos e o sufrágio geral poderiam criar um conflito em relação à propriedade: "Uma divisão óbvia e permanente de todos os povos se dá entre os proprietários da terra e os demais habitantes". Por conseguinte, se o sufrágio fosse estendido a cidadãos não possuidores de propriedades livres, a maioria poderia ameaçar os direitos de posse desses senhores de terras.

Madison considerou então algumas soluções possíveis para esse problema, a primeira das quais consistiria em restringir o sufrágio aos "possuidores de propriedades livres e àqueles que possuírem propriedades equivalentes". Rejeitou essa solução com uma observação que bem poderia ter sido um princípio central da Segunda Fase da Revolução Americana. "A objeção a essa regulação é óbvia", escreveu. "Ela viola o princípio vital do livre governo que reza que os que forem submetidos ao cumprimento de leis devem ter voz na criação delas. E a violação seria mais marcantemente injusta à medida que os legisladores se tornassem minoria." Uma segunda opção seria "restringir o direito de sufrágio nas eleições para um dos poderes aos proprietários de terras e, nas eleições para outro poder, aos desprovidos de bens". Mas fazer isso "não seria equitativo nem justo, na verdade". Nem tampouco prudente: "A divisão do Estado nessas duas classes [...] poderia levar a disputas e antipatias não diferentes das que prevaleciam entre os patrícios e os plebeus de Roma".

Depois de examinar outras possibilidades, Madison concluiu:
Em todas as visões do assunto, parece indispensável que a Massa dos Cidadãos não seja desprovida de voz, na criação das leis a que deverá obedecer & na escolha dos Magistrados que deverão administrá-las, e, se a única alternativa for entre o direito igual & universal de sufrágio para cada poder do Governo e a restrição de todo esse direito a uma parte dos Cidadãos, é melhor serem privados de metade de sua parcela no Governo aqueles que têm maior interesse em jogo — a saber, o interesse [dos direitos] de propriedade & pessoais — do que serem privados da totalidade de sua parcela aqueles que têm menor interesse — apenas o dos direitos pessoais.[37]

O Madison mais velho era também mais favorável à regra da maioria. Como quase todos os seus contemporâneos, acreditava que "todo poder em mãos humanas é passível de abusos". Entretanto, se tomarmos essa suposição como axiomática, juntamente com a necessidade de governo, a pergunta relevante passa a ser: que tipo de governo é melhor? A resposta de Madison se manteve inalterada:

Nos Governos independentes do povo, os direitos e opiniões do todo podem ser sacrificados às opiniões do Governo. Nas Repúblicas, nas quais as pessoas se autogovernam, e nas quais, é claro, a maioria governa, o perigo para a minoria provém das oportunidades que trazem a tentação de sacrificar seus direitos ao interesse real ou suposto de uma maioria. Nenhuma forma de governo, portanto, pode ser uma salvaguarda perfeita contra o abuso de poder. A recomendação da forma republicana está em que nela o perigo do abuso é menor do que em qualquer outra.[38]

---

[37] *Records*, v. 3, p. 452-455. Grifo acrescentado. Grafia e pontuação como no original [não reproduzidas nesta tradução brasileira (N. da T.)].
[38] PADOVER, Saul K. (Ed.). *The forging of American federalism*: selected writings of James Madison. Nova York: Harper Torchbooks, 1953. Carta a Thomas Ritchie, 1825, p. 46.

O que mudou, *de fato*, foi sua confiança maior na regra da maioria. Ao menos comparada a suas alternativas, o Madison maduro mostrou-se confiante em que essa regra prometia, nas palavras de Marvin Meyers, o "governo menos imperfeito".[39]

"[T]odo amigo do Governo Republicano", escreveu ele em 1833, "deve erguer a voz contra a denúncia generalizada dos governos majoritários como os mais tirânicos e intoleráveis de todos os Governos."

Afirmou-se que todo Governo é um mal. Seria mais apropriado dizer que a necessidade de qualquer governo é uma infelicidade. Mas esta necessidade existe; e o problema a ser solucionado não é qual forma de governo é perfeita, mas qual das formas é menos imperfeita; e nesse aspecto, a questão geral deve situar-se entre um Governo republicano em que a maioria domina a minoria e um governo em que um número menor ou a minoria domina a maioria.

O resultado [...] é que devemos referir-nos à reflexão acauteladora de que nenhum governo de concepção humana e administração humana pode ser perfeito; de que aquele que é menos imperfeito é, por conseguinte, o melhor governo; de que os abusos de todos os outros governos levaram à preferência pelo governo republicano como o melhor de todos, por ser o menos imperfeito; de que o princípio vital do governo republicano é a *lex majoris partis* — a vontade da maioria.[40]

Não tenho dúvida de que, se a Convenção Constitucional tivesse sido realizada em 1820, uma constituição muito diferente teria emergido das deliberações — se bem que, apresso-me a acrescentar, nunca possamos saber que forma ela teria assumido. Podemos ter razoável certeza, porém, de que os delegados teriam tentado dar mais apoio a uma república democrática e erguer menos barreiras contra ela.

---

[39] MEYERS, Marvin (Ed.). *The mind of the founder*: sources of the political thought of James Madison. Nova York: Bobbs-Merrill, 1973. p. 520.
[40] Ibid., p. 523, 525, 530.

Quanto aos aspectos antidemocráticos da constituição criada em 1787, permitam-me sugerir quatro conclusões.

Primeiro, os aspectos da Constituição que são mais falhos do ponto de vista democrático não necessariamente refletem, em sua totalidade, as intenções dos Autores, até onde podemos pressupô-las. Embora as falhas possam ser atribuídas a seu trabalho, elas resultam, em alguns casos, da impossibilidade de esses artesãos esplendidamente talentosos preverem de que modo o seu instrumento de governo, tão cuidadosamente criado, funcionaria nas condições mutáveis que se seguiriam — e, acima de tudo, sob o impacto da revolução democrática em que os norte-americanos estavam e, espero eu, ainda estão empenhados.

Segundo, alguns aspectos antidemocráticos da concepção original também resultaram da troca de favores políticos e das soluções de compromisso que foram necessárias para se chegar a um acordo. Os Autores não eram filósofos em busca da descrição de um sistema ideal. Tampouco eram — e por isso lhes seremos eternamente gratos — reis filósofos a quem fosse confiado o poder de governar. Eram homens práticos, ansiosos por conseguir um governo nacional mais forte, e, como homens práticos, faziam acordos de conciliação. Teria o país ficado melhor se eles se recusassem a fazê-los? Duvido. Mas, de qualquer modo, eles transigiram, e até hoje a Constituição arca com os resultados de algumas de suas concessões. Terei mais a dizer sobre esse ponto no próximo capítulo.

Terceiro, os aspectos antidemocráticos que foram mais ou menos deliberadamente introduzidos na Constituição superestimaram os perigos das maiorias populares — das maiorias populares norte--americanas, pelo menos — e subestimaram a força do compromisso democrático que estava em desenvolvimento entre os norte-americanos. Como resultado, para adaptar mais estritamente a estrutura original aos requisitos da república democrática emergente, alguns desses aspectos da Constituição original foram alterados com o passar do tempo, ora por meio de emendas, ora, como no caso dos partidos políticos, por meio de novas instituições e práticas.

Por fim, embora os defeitos me pareçam graves e possam tornar--se ainda mais graves com o tempo, os norte-americanos não são muito predispostos a considerar uma outra constituição, nem se sabe com clareza que arranjos alternativos lhes serviriam melhor.

Como resultado, a crença dos estadunidenses na legitimidade de sua carta magna continuará em constante tensão, creio eu, com sua crença na legitimidade da democracia.

De minha parte, creio que a legitimidade da Constituição deve derivar unicamente de sua utilidade como instrumento de governo democrático — nada mais, nada menos. Em meu último capítulo, refletirei um pouco mais sobre o significado desse juízo.

Capítulo 3

A CONSTITUIÇÃO COMO MODELO: UMA ILUSÃO NORTE-AMERICANA

MUITOS NORTE-AMERICANOS PARECEM CRER que nossa carta magna tem sido um modelo para o resto do mundo democrático.⁴¹ No entanto, entre os países mais comparáveis com os Estados Unidos e nos quais existem instituições democráticas há muito tempo, sem interrupções, nenhum adotou nosso sistema constitucional. Seria lícito dizer que, sem uma única exceção, todos o rejeitaram. Por quê?

Antes de examinar essa questão, preciso esclarecer dois pontos. Como vocês podem ter notado, em vez de falar simplesmente so-

---

⁴¹ Numa pesquisa de 1997, 34% concordaram inteiramente e 33% concordaram em parte com a afirmação: "A Constituição dos Estados Unidos é usada como modelo por muitos países". Apenas 18% discordaram em parte ou inteiramente (pesquisa telefônica nacional de 1.000 cidadãos adultos norte-americanos, conduzida para o National Constitution Center [Centro Nacional da Constituição] em setembro de 1997). Com a afirmação "Eu me orgulho da Constituição dos Estados Unidos", 71% concordaram inteiramente e 18% concordaram em parte. Em 1999, 85% disseram que a Constituição era uma grande razão do sucesso dos Estados Unidos no século XX (pesquisa com 1.546 adultos para o Centro de Pesquisas Pew, conduzida pela Princeton Survey Research Associates).

bre "a Constituição", uso em alguns pontos a expressão "o sistema constitucional". Faço-o por querer incluir num *sistema* constitucional um importante conjunto de instituições que podem ou não ser preceituadas na própria Constituição *formal*: trata-se de seus arranjos eleitorais. Como veremos, os sistemas eleitorais podem interagir de maneira crucial com as outras instituições políticas e, com isso, determinar de que modo elas funcionam.

Outrossim, referi-me há pouco aos países em que a democracia é mais antiga e está mais solidamente estabelecida. Poderíamos chamá-los de democracias mais antigas, democracias maduras, países democráticos estáveis e assim por diante, mas ficarei com "países democráticos avançados". Como quer que optemos por chamá-los, para comparar as características e o desempenho do sistema constitucional norte-americano com as características e o desempenho de outros países democráticos, precisamos de um conjunto de países democráticos razoavelmente comparáveis. Em suma, não queremos comparar tomates com maçãs — nem maçãs boas com maçãs podres.

Tenho observado que nós, norte-americanos, comumente nos asseguramos da superioridade do nosso sistema político mediante sua comparação com os sistemas políticos de países governados por regimes não democráticos, ou de países que padecem de conflitos violentos, corrupção crônica, caos frequente, colapso ou derrubada do regime e coisas similares. Ao externar ou ouvir críticas à vida política nos Estados Unidos, não raro o norte-americano acrescenta: "É, mas compare-nos com X!", sendo um X favorito a União Soviética durante a Guerra Fria e, depois de seu colapso, a Rússia. Seria fácil apontar mais de 100 outros países com sistemas políticos que, julgados por quase qualquer padrão, são incontestavelmente inferiores ao nosso. Mas esse tipo de comparação é absurdamente irrelevante.

A meu ver, os países mais comparáveis são aqueles em que as instituições políticas democráticas fundamentais funcionam sem interrupção há um tempo bastante longo, digamos, pelo menos meio século, ou seja, desde 1950. Incluindo os Estados Unidos, existem 22 desses países no mundo.[42] (Ver apêndice B, tabelas 1 e 2.) Felizmente,

---

[42] Embora a Índia tenha conquistado a independência em 1947, adotado uma constituição democrática e, exceto por um intervalo, mantido suas instituições demo-

para nossos propósitos, eles também são comparáveis em suas condições sociais e econômicas relevantes: não há uma só maçã podre no grupo. Como não é de admirar, eles são europeus ou de língua inglesa, em sua maioria, com algumas nações fora desse grupo: Costa Rica, o único país latino-americano; Israel, o único do Oriente Médio; e Japão, o único país asiático.

Ao examinarmos alguns componentes básicos das estruturas constitucionais dos países democráticos avançados, podemos ver como é inusitado o sistema norte-americano. Na verdade, entre as 22 democracias mais antigas, nosso sistema é ímpar.[43]

FEDERATIVO OU UNITARISTA

Para começar, entre os outros 21 países, encontramos apenas sete sistemas federativos, nos quais as unidades territoriais — estados, cantões, províncias, regiões, *Länder* — são dotadas, por recomendação e prática constitucionais, de um grau considerável de autonomia, bem como de poderes significativos para promulgar leis. Como nos Estados Unidos, nesses países federativos, as unidades territoriais básicas, quer se trate de estados, províncias ou cantões, não são simples criações legais do governo central, com fronteiras e poderes que esse governo central possa, em princípio, modificar a seu critério. Elas são elementos básicos da estrutura constitucional e da vida política do país.

Tal como nos Estados Unidos, também nesses outros cinco países o federalismo não foi propriamente uma escolha livre, e sim uma necessidade evidente, imposta pela história. Na maioria deles, as unida-

---

cráticas diante de extraordinários desafios de pobreza e diversidade, eu a omiti da lista por duas razões. Primeiro, a continuidade foi interrompida de 1975 a 1977, quando a primeira-ministra Indira Gandhi praticou um golpe de Estado, declarou estado de emergência, suspendeu os direitos civis e aprisionou milhares de adversários. Segundo, considerando que a Índia é um dos países mais pobres do mundo, as comparações com as nações democráticas ricas fariam pouco sentido.

[43] Para um resumo das diferenças constitucionais entre as 22 democracias mais antigas, ver o apêndice B, tabela 2.

des federativas — estados, províncias, cantões — já existiam antes que o governo nacional fosse plenamente democratizado. No caso extremo, a Suíça, as unidades constitutivas já existiam antes que a própria Confederação Suíça fosse formada, a partir de três cantões alpinos, em 1291, cinco séculos antes do nascimento dos Estados Unidos. Ao longo dos sete séculos seguintes, os cantões suíços, que hoje somam 20,[44] preservaram uma distinção e autonomia robustas. No país discrepante, a Bélgica, o federalismo veio muito depois de um governo unitário ter sido imposto a seus diversos grupos regionais. Como nos relembra o brilhante período de pintura, tecelagem, comércio e prosperidade flamengos dos séculos XVI e XVII, existiam profundas diferenças territoriais, linguísticas, religiosas e culturais entre as áreas predominantemente flamenga e predominantemente valona, muito antes de a Bélgica em si tornar-se um país independente, em 1830. Apesar das cisões persistentes entre flamengos e valões, entretanto, o federalismo só chegou em 1993, quando as três regiões — Valônia, Flandres e Bruxelas — finalmente receberam *status* constitucional. Devo assinalar que as profundas divisões entre valões e flamengos continuam a ameaçar a sobrevivência da Bélgica como um único país.

A segunda e a terceira características são uma decorrência direta da existência do federalismo.

FORTE BICAMERALISMO

Uma consequência natural, se não estritamente necessária, do federalismo é uma segunda câmara, que proporciona uma representação especial das unidades federativas. Sem dúvida, os sistemas unitaristas também podem ter — e todos tiveram, historicamente — uma segunda câmara. Entretanto, num país democrático com sistema unitário, as funções de uma segunda câmara ficam longe de ser óbvias. É fatal surgir a questão que se colocou durante a convenção constitucional norte-americana: supõe-se que uma segunda câmara represente exatamente quem ou os interesses de quem? E, assim como os Autores não

---

[44] Mais seis meios-cantões.

souberam fornecer nenhuma resposta racionalmente convincente, as respostas-padrão também se tornam menos persuasivas à medida que as convicções democráticas se fortalecem nos países democráticos com governos unitários — na verdade, tão pouco persuasivas para o povo dos três países escandinavos, pois todos aboliram sua segunda câmara. Tal como o estado de Nebraska, também a Noruega, a Suécia e a Dinamarca parecem sair-se muito bem sem ela. Até na Grã-Bretanha, o avanço gradual das convicções democráticas criou uma força inexorável de oposição aos poderes históricos da Câmara dos Lordes. Já em 1911, os liberais eliminaram o poder dos lordes de vetar as "leis monetárias" aprovadas pela Câmara dos Comuns. O avanço contínuo das convicções democráticas durante o século passado levou, em 1999, à abolição das cadeiras hereditárias, com exceção de 92, cujos ocupantes seriam eleitos por pares hereditários.[45] O futuro dessa antiga câmara continua sujeito a dúvidas consideráveis.

Ao final do século XX, portanto, a forte legislatura bicameral continuava a existir em apenas quatro dos países democráticos avançados, todos federativos: além dos Estados Unidos, são eles a Austrália, a Alemanha e a Suíça. A existência desse bicameralismo levanta uma questão: que funções pode e deve desempenhar uma segunda câmara num país democrático? E, para desempenhar suas funções apropriadas, se existirem, como deve compor-se a segunda câmara? Como indicam as deliberações da Comissão Parlamentar sobre o futuro da Câmara dos Lordes, essas perguntas não admitem respostas fáceis. Não será de surpreender, portanto, que a Grã-Bretanha acabe de todo sem uma segunda câmara real, ainda que persista uma sombra fantasmagórica da câmara alta.

DESIGUALDADE DE REPRESENTAÇÃO

Uma terceira característica dos sistemas federativos é a significativa desigualdade de representação na segunda câmara. Por desigual-

---

[45] HAZELL, Robert; SINCLAIR, David. The British Constitution: labour's constitutional revolution. *Annual Review of Political Science*, Palo Alto, v. 3, p. 379-400, 393, 2000.

dade de representação refiro-me ao fato de que, nessa segunda câmara, o número de membros provenientes de unidades federativas como estados ou províncias não é proporcional à população deles, ao número de cidadãos adultos ou ao número de eleitores elegíveis. A principal razão — talvez a única verdadeira razão — de existir uma segunda câmara, em todos os sistemas federativos, é preservar e proteger a representação *desigual*. Ou seja, ela existe, primordialmente, para garantir que os representantes de unidades pequenas não possam ser prontamente superados pela votação dos representantes das unidades grandes. Numa palavra, a segunda câmara é concebida para construir uma barreira à regra da maioria no nível nacional.

Para deixar claro esse ponto, permitam-me estender o alcance da expressão "representação desigual" para incluir qualquer sistema em que, em contraste com o princípio de "uma pessoa, um voto", os votos de pessoas diferentes recebam pesos desiguais. Sempre que se nega o sufrágio a algumas pessoas num sistema, podemos dizer que seus votos contam como zero, enquanto os votos dos cidadãos elegíveis contam como um. Quando o voto era negado às mulheres, o voto masculino efetivamente contava como um, e o feminino, como zero, nada. Quando havia exigências de propriedade para o sufrágio, os proprietários eram representados no legislativo, ao passo que aqueles que estavam abaixo do limiar da propriedade não o eram: tal como sucedia com as mulheres, seus "votos" contavam como zero. Alguns membros privilegiados do parlamento, como Edmund Burke, referiam-se a uma "representação virtual", na qual a minoria aristocrática representava os interesses de todo o país. Mas o grosso das pessoas excluídas desmascarava com facilidade essa ficção conveniente e, tão logo isso lhe foi possível, rejeitou essas pretensões e obteve o direito de votar em seus próprios membros do parlamento. Na Prússia oitocentista, os eleitores eram divididos em três classes, de acordo com o valor de seus impostos territoriais. Uma vez que cada *classe* de proprietários recebia um número igual de votos, independentemente da vasta diferença do número de *pessoas* de cada classe, um cidadão prussiano rico possuía um voto que valia, efetivamente, quase 20 vezes o de um trabalhador da Prússia.[46] Voltando aos Estados Unidos: à medida que o credo democrático norte-americano continuou a exercer episodicamente os seus efeitos na vida política, as formas mais flagrantes de desigualdade de representação foram rejeitadas, no devido tempo. Contudo, uma forma monumental de desigualdade de representação, embora passe basicamente despercebida, continua até hoje, e é bem possível que persista indefinidamente. Ela resulta do famoso Acordo de Connecticut, que garante dois senadores de cada estado.

Imagine uma situação em que seu voto para seu representante tenha valor um, ao passo que o voto de um amigo seu, numa cidade vizinha, vale por 17. Suponha que, por alguma razão, você e seu amigo mudem de emprego e de residência. Como resultado do seu novo emprego, você se muda para a cidade dele. Pela mesma razão, seu amigo muda-se para a sua. Pronto! Para sua imensa satisfação, agora você descobre que, simplesmente por ter-se mudado, você adquiriu mais 16 votos. Seu amigo, porém, perdeu 16. Um bocado ridículo, não é?

Contudo, é mais ou menos isso que aconteceria se você morasse na orla ocidental do lago Tahoe, na Califórnia, e se mudasse para Carson City, em Nevada, menos de 80 quilômetros a leste, e se um amigo seu de Carson City se mudasse para sua comunidade no lago Tahoe. Como todos sabemos, os dois estados são igualmente representados no Senado dos Estados Unidos. Com quase 34 milhões de habitantes no ano 2000, a Califórnia tinha dois senadores. Mas o mesmo sucedia com Nevada, com apenas 2 milhões de residentes. Como os votos dos senadores norte-americanos contam igualmente, o voto de um residente de Nevada para o Senado norte-americano no ano 2000 valia, com efeito, cerca de 17 vezes o voto de um mo-

---

[46] Por exemplo, nas eleições prussianas de 1858, 4,8% dos habitantes tiveram direito a um terço dos assentos, 13,4% a outro terço e 81,8% ao terço restante. Portanto, os membros do terço mais rico possuíam, com efeito, 17 vezes o número de votos dos membros do terço inferior. VOGEL, Bernhard; SCHULTZE, Rainer-Olaf. Deutschland. In: STERNBERGER, Dolf; VOGEL, Bernhard (Ed.). *Die Wahl Der Parlamente*. Berlim: Walter De Gruyter, 1969. p. 189-411, tabelle A 4, p. 348.

rador da Califórnia. Um californiano que se mudasse para o Alasca talvez perdesse alguns pontos em matéria de clima, porém ganharia um voto com valor quase 54 vezes maior que o de seu voto na Califórnia.[47] Se a vantagem dessa troca valeria a mudança, não cabe a mim dizer. Mas, com certeza, a desigualdade de representação que ela revela é uma violação profunda da ideia democrática da igualdade política de todos os cidadãos.

Algum grau de desigualdade de representação também existe nos outros sistemas federativos. No entanto, esse grau de desigualdade no Senado norte-americano é o mais extremo, sem termos de comparação. Na verdade, entre todos os sistemas federativos, inclusive os dos países de democratização mais recente — um total de 12 —, há uma medida em que o grau de desigualdade de representação do Senado norte-americano só é ultrapassado pelos do Brasil e da Argentina.[48]

Ou então, vamos supor que tomemos a proporção entre os representantes na câmara alta e a população das unidades federativas. Nos Estados Unidos, por exemplo, os dois senadores de Connecticut representam pouco mais de 3,4 milhões de habitantes, enquanto os senadores do estado vizinho de Nova York representam uma população de 19 milhões: uma proporção de aproximadamente 5,6 para 1. No caso extremo, a proporção entre a hiper-representação do estado menos populoso, o Wyoming, e a representação do estado mais populoso, a Califórnia, é de pouco menos de 70 para 1.[49] Em comparação, entre as democracias avançadas, essa proporção vai de 1,5 para

---

[47] Para que vocês não pensem que tenho algum preconceito contra Nevada, contra os estados das Montanhas Rochosas ou contra os estados pequenos em geral, tenho enorme afeição pelo Alasca, onde cresci na época em que ele ainda era um território, e pelos estados das Montanhas Rochosas, onde gosto de passar algum tempo todo verão. E, com pouco mais de 3 milhões de habitantes, Connecticut me dá uma vantagem totalmente imerecida de nove votos contra um em relação a meus filhos na Califórnia.

[48] STEPAN, Alfred. "Toward a new comparative analysis of democracy and federalism: demos constraining and demos enabling federations", artigo para a reunião da Associação Internacional de Ciência Política, Seul, 17-22 de agosto de 1997.

[49] Para uma descrição, análise e crítica da desigualdade de representação no Senado, ver LEE, Frances E.; OPPENHEIMER, Bruce I. *Sizing up the Senate*: the unequal consequences of unequal representation. Chicago: University of Chicago Press, 1999.

1 na Áustria a 40 para 1 na Suíça. Na verdade, a desproporção dos Estados Unidos só é superada no Brasil, na Argentina e na Rússia.[50]

Com base em que alegação possível podemos justificar essa extraordinária desigualdade no valor do sufrágio?

Uma breve digressão: direitos e interesses. Uma resposta comum é dizer que as pessoas dos estados com populações menores precisam ser protegidas de leis federais, aprovadas por maiorias do Congresso, que violem seus direitos e interesses fundamentais. Como a população de estados como Nevada ou Alasca corresponde a uma minoria geográfica, vocês poderiam argumentar, elas precisam ser protegidas das ações danosas das maiorias nacionais. Mas essa resposta levanta de imediato uma questão fundamental: *existe algum princípio de aplicabilidade geral que justifique o direito à representação extra por parte de alguns indivíduos ou grupos?*

Na busca de uma resposta, precisamos começar por um problema eterno e elementar de qualquer unidade governamental:[51] seja a unidade um país, um estado ou um município, seja ela o que for, praticamente todas as suas decisões envolverão algum conflito de interesses entre as pessoas da unidade política pertinente. Inevitavelmente, quase qualquer decisão governamental favorecerá os interesses de alguns cidadãos e prejudicará os de outros. A solução para esse problema, que é inerente a todas as unidades governamentais, costuma ser proporcionada, nos sistemas democráticos, pela necessidade de garantir um consentimento bastante amplo de suas decisões, por meio, entre outras coisas, de alguma forma de regra da maioria. Contudo, se as decisões só puderem ser tomadas pela regra da maioria, existirá a possibilidade, como observaram Madison e muitos outros, de que os interesses de *qualquer* minoria sejam prejudicados pelos da maioria. Por sorte, às vezes é possível encontrar soluções de compromisso mutuamente benéficas. Mas, quando os interesses da maioria

---

[50] Alfred Stepan, Toward a new comparative analysis of democracy and federalism, op. cit.
[51] Mais precisamente, a unidade governamental de um "Estado", definido como um sistema territorial com um governo que defenda com sucesso a reivindicação da regulação exclusiva do uso legítimo da força física, na implementação de suas normas numa dada área territorial.

se chocam de forma irreconciliável com os da minoria, é provável que os interesses dessa minoria saiam prejudicados.

Alguns interesses, entretanto, podem ficar protegidos da atuação corriqueira da regra da maioria. Em maior ou menor grau, todas as constituições fazem isso.

Consideremos a proteção de que desfrutam todos os norte-americanos, não apenas em princípio, mas, substancialmente, também na prática. Primeiro, a Declaração de Direitos e as emendas subsequentes forneceram uma garantia constitucional de que certos direitos fundamentais serão protegidos, quer o cidadão more em Nevada, quer na Califórnia, em Rhode Island ou no Massachusetts, quer ainda em Delaware ou na Pensilvânia. Segundo, um imenso corpo de leis federais e interpretações judiciais baseadas nas cláusulas da Constituição amplia enormemente o campo dos direitos protegidos — provavelmente, muito além de qualquer coisa que os Autores pudessem ter previsto. Terceiro, a divisão constitucional dos poderes em nosso sistema federativo proporciona a cada estado um campo exclusivo ou superposto de autoridade a que um estado pode recorrer, a fim de ampliar ainda mais as formas de proteção dos interesses particulares dos cidadãos daquele estado.

A questão fundamental. Além desses direitos e interesses fundamentais e protegidos, será que as pessoas dos estados menores possuem direitos ou interesses *adicionais* que devam receber proteção contra políticas apoiadas pelas maiorias nacionais? Se assim for, quais são eles? E com base em que princípio geral sua proteção especial pode justificar-se? Certamente, eles não incluem o direito fundamental de ter ovelhas ou vacas pastando nas florestas nacionais, ou de extrair minério de terras públicas em termos estabelecidos há mais de um século. Por que deveria a localização geográfica dotar um cidadão ou grupo de cidadãos de direitos e interesses especiais, acima e além dos que acabei de indicar, que devam receber proteção adicional da Constituição?

Se essas perguntas me deixam perplexo, estou em boa companhia. "Podemos esquecer para quem estamos formando um governo?", indagou James Wilson na Convenção Constitucional. "É para *homens* ou para os seres imaginários chamados *estados*?" Madison ficou igualmente em dúvida quanto à necessidade de proteger os interesses das pessoas dos estados pequenos. "A experiência", disse, "não sugere tal perigo. [...] A experiência ensinou, antes, uma lição inversa. [...] Os estados dividiram-se em interesses diferentes não por suas diferenças de tamanho, mas por outras circunstâncias."[52]

Dois séculos de experiência decorridos desde a época de Madison confirmaram seu julgamento. É incontestável que a desigualdade de representação no Senado deixou de proteger os interesses fundamentais das minorias *menos* privilegiadas. Ao contrário, algumas vezes a representação desigual serviu para proteger os interesses das minorias *mais* privilegiadas. Um exemplo óbvio é a proteção dos direitos dos senhores de escravos, e não dos direitos de seus escravos. A representação desigual no Senado não deu absolutamente proteção alguma aos interesses dos escravos. Pelo contrário, durante todo o período anterior à Guerra da Secessão, a desigualdade de representação ajudou a proteger os interesses dos senhores de escravos. Até a década de 1850, essa desigualdade de representação no Senado, como assinalou Barry Weingast, deu "ao Sul o poder de veto sobre qualquer política que afetasse a escravidão". Entre 1800 e 1860, oito medidas antiescravatura foram aprovadas na Câmara, e todas foram barradas no Senado.[53] E o poder de veto sulista não terminou com a Guerra da Secessão. Depois dela, senadores de outros estados foram forçados a se adaptar ao veto do Sul para garantir a adoção de suas próprias políticas. Desse modo, o veto sulista não ajudou apenas a acarretar o fim da Reconstrução; durante mais um século, impediu o país de promulgar leis federais que protegessem os direitos humanos mais elementares dos afro-americanos.

E lá se foram as pretensas virtudes da desigualdade de representação no Senado.

Vamos supor, por um momento, que tentemos imaginar que realmente gostaríamos de ver a Constituição fornecer uma prote-

---

[52] Sobre Mason, ver *Records*, v. 1, p. 483; sobre Madison, ver p. 447-448.
[53] WEINGAST, Barry R. Political stability and Civil War: institutions, commitment, and American democracy. In: BATES, Robert H.; GREIF, Avner; LEVI, Margaret; ROSENTHAL, Jean-Laurent; WEINGAST, Barry R. *Analytic narratives*. Princeton: Princeton University Press, 1988. p. 148-193, 166, e tabela 4.3, p. 168.

ção especial a minorias desfavorecidas, dando-lhes uma representação extra no Senado. Que minorias mais precisariam dessa proteção adicional? Como a conseguiríamos? Haveríamos agora de optar por tratar alguns estados como minorias com necessidades especiais de proteção, simplesmente por causa de sua população menor? Por que quereríamos proteger essas minorias regionais, e não outras muito mais fracas? Reformulando a pergunta de James Wilson em 1787: deve um governo democrático ser concebido para servir aos interesses dos "seres imaginários chamados estados", ou ser concebido, ao contrário, para servir aos interesses de todos os seus cidadãos, considerados como iguais políticos?

Como afirmei, os Estados Unidos se destacam, entre 22 países democráticos comparáveis, pelo grau de desigualdade de representação em sua câmara alta. Da meia dúzia de nações que têm sistemas federativos e uma câmara alta concebida para representar as unidades federativas, nenhuma sequer chega perto dos Estados Unidos no grau de desigualdade de representação em sua câmara alta.

Portanto, começamos a ver que nosso sistema constitucional é incomum. Ao continuarmos nossa exploração, descobriremos que ele não é meramente inusitado. É ímpar.

FORTE REVISÃO JUDICIAL DA LEGISLAÇÃO NACIONAL

Como não é de surpreender, outros sistemas federativos, entre as democracias mais antigas, também autorizam seus mais altos tribunais nacionais a derrubar a legislação ou os atos administrativos das unidades da federação — estados, províncias e similares — que sejam contrários à Constituição nacional. A defesa do poder dos tribunais federais no exame das ações estaduais, a fim de manter o sistema federativo, parece-me simples e direta, e eu a aceito nesse ponto. Mas a autoridade de um tribunal superior para declarar inconstitucional uma legislação que foi adequadamente promulgada pelos órgãos constitucionais coordenados — o parlamento ou, em nosso sistema, o Congresso e o presidente — é muito mais controvertida.

Se uma lei foi aprovada como convém pelo Poder Legislativo de um governo democrático, por que haveriam os juízes de ter o poder de declará-la inconstitucional? Se fosse possível simplesmente cotejar as intenções e as palavras da lei com as palavras da Constituição, talvez se pudesse fazer uma defesa mais sólida da revisão pelo Judiciário. Entretanto, em todos os casos importantes e altamente contestados, isso é simplesmente impossível. Como seria inevitável, ao interpretarem a Constituição, os juízes fazem valer sua própria ideologia, seus preconceitos e preferências. Juristas norte-americanos lutam há gerações para fornecer uma explicação satisfatória para o amplo poder de revisão judicial que tem sido exercido por nosso Supremo Tribunal Federal. Mas persiste a contradição de imbuir um órgão não eleito — ou, no caso norte-americano, cinco dos nove ministros dessa corte suprema — do poder de tomar decisões políticas que afetam a vida e o bem-estar de milhões de norte-americanos. Como pode a revisão judicial, se é que isto é possível, ser justificada numa ordem democrática? Discutirei essa questão em meu último capítulo.

Enquanto isso, permitam-me retornar a outro aspecto aberrante do sistema constitucional norte-americano.

SISTEMAS ELEITORAIS

Expliquei antes que eu queria usar a expressão *"sistema* constitucional" porque alguns arranjos que não são necessariamente explicitados no documento constitucional de um país interagem de maneira tão intensa com as outras instituições, que podemos com proveito encará-los como parte dos arranjos constitucionais da nação. Com este espírito, conviria refletirmos sobre as peculiaridades do nosso sistema eleitoral, que, por mais natural que nos possa parecer, é de uma espécie rara a ponto de estar em extinção entre os países democráticos avançados. Em estreita aliança com ele existe outra ave igualmente rara — o nosso tão reverenciado sistema bipartidário.

Nosso sistema eleitoral decerto não foi obra dos Autores, pelo menos não diretamente, visto ter sido menos moldado por eles do que pela tradição britânica. Os Autores simplesmente deixaram toda essa questão por conta dos estados e do Congresso,⁵⁴ ambos os quais respaldaram o único sistema que conheciam e que, basicamente, havia prevalecido na Grã-Bretanha, nas colônias e nos Estados de independência recém-conquistada.

Os sistemas eleitorais são um tema assustadoramente complexo e, para muitos, também pavorosamente maçante. Por isso, empregarei uma supersimplificação drástica, mas suficiente para nossos objetivos. Permitam-me apenas dividir os sistemas eleitorais em dois tipos genéricos, cada qual com uma ou duas variações. No que conhecemos melhor, tipicamente, só é possível votar em um dos candidatos concorrentes, e ganha aquele que receber mais votos. Na situação habitual, portanto, um só candidato conquista um cargo, ao receber pelo menos um voto a mais que qualquer de seus adversários. Nós, norte-americanos, tendemos a dar a essa margem de um voto o nome de maioria simples; em outros lugares, para distingui-la da maioria absoluta, pode-se chamá-la de maioria relativa. Para descrever nosso sistema, às vezes os cientistas políticos estadunidenses empregam uma expressão canhestra: "sistema distrital de membros individuais eleitos por maioria simples". Prefiro o uso britânico: por analogia com as corridas de cavalos, nas quais o vencedor precisa apenas de uma fração do focinho para vencer, os ingleses tendem a chamá-lo de sistema do "primeiro a cruzar a linha de chegada".

Se os eleitores votassem na mesma proporção em todos os distritos, o partido com maior número de votos conquistaria todos os assentos. Na prática, em decorrência de variações de um distrito para outro no apoio aos candidatos, geralmente um segundo partido consegue ganhar algumas cadeiras, embora a percentagem destas costume ser menor do que sua percentagem de votos. A representação de um terceiro partido, contudo, geralmente se reduz a ponto de ele

---

⁵⁴ O Artigo I, Seção 4, reza: "As datas, os locais e a maneira de realizar eleições para senadores e deputados serão prescritos em cada estado por seu poder legislativo, mas o Congresso poderá a qualquer tempo, por lei, criar ou alterar essas normas, exceto quanto aos locais de escolha dos senadores". O Artigo II, Seção 1, dita: "Cada estado deverá nomear, conforme as regras determinadas por sua assembleia legislativa, um número de eleitores [...]".

desaparecer. Em suma, o sistema do primeiro-a-cruzar-a-linha-de-chegada favorece os sistemas bipartidários.

A principal alternativa ao primeiro-a-cruzar-a-linha-de-chegada é a representação proporcional. Como o nome implica, a representação proporcional destina-se a assegurar que os eleitores de uma minoria superior a um tamanho mínimo — digamos, 5% de todo o eleitorado — sejam representados mais ou menos na proporção de seu número. Por exemplo, um grupo composto por 20% de todos os eleitores poderia obter algo bem próximo de 20% das cadeiras do parlamento. Por conseguinte, os países com sistemas de representação proporcional têm também grande probabilidade de possuir sistemas pluripartidários, nos quais três, quatro ou mais partidos são representados no Legislativo. Em suma, embora a relação seja meio imperfeita, em geral, o país que adota o modelo do primeiro-a-cruzar-a-linha-de-chegada tende a possuir um sistema bipartidário, enquanto o país com representação proporcional tende a possuir um sistema pluripartidário.

No mais comum dos sistemas de representação proporcional, cada partido apresenta aos eleitores uma lista de seus candidatos; os eleitores votam nos candidatos de um partido; cada partido recebe então um número de cadeiras mais ou menos proporcional a sua parcela total da votação. Os países com sistema de listas também podem permitir que os eleitores indiquem suas preferências entre os candidatos dos partidos. As cadeiras dos partidos são então ocupadas pelos candidatos com maior preferência dos eleitores. Doze dos 22 países democráticos avançados empregam o sistema de listas de representação proporcional, enquanto outros seis usam alguma variação dele (ver apêndice B, tabela 3).

Dos quatro países sem representação proporcional, a França evita um dos defeitos dos distritos com um único membro eleito estipulando que, nos distritos parlamentares em que nenhum candidato receber a maioria absoluta dos votos, será realizado um segundo turno da eleição, no qual os dois candidatos com maior número de votos concorrerão. Esse sistema de segundo turno, duas rodadas ou votação dupla, conforme suas diversas denominações, garante, portanto, que todos os membros sejam eleitos pela maioria dos votantes de seu distrito eleitoral.

Restam então três países esquisitos, que usam o sistema do primeiro-a-cruzar-a-linha-de-chegada — um sistema de maioria simples em distritos com um único membro eleito: Canadá, Reino Unido e Estados Unidos. Mesmo no Reino Unido, fonte original em que beberam os norte-americanos, o sistema tradicional foi substituído pela representação proporcional, nas eleições de 1999 para os órgãos legislativos recém-criados na Escócia e no País de Gales. Quatro partidos obtiveram cadeiras no parlamento escocês e também quatro na assembleia galesa. Mais ainda, a Comissão Independente do Sistema Eleitoral, criada pelo Partido Trabalhista em 1997, com o objetivo de recomendar uma alternativa para o sistema do primeiro-a-cruzar-a-linha-de-chegada, propôs em seu relatório, um ano depois, que os membros da Câmara dos Comuns fossem eleitos por meio de um sistema de representação proporcional — certamente um híbrido, mas que garantiria maior proporcionalidade entre eleitores e cadeiras naquela antiga casa.[55] É perfeitamente possível que, em data não muito distante, a Grã-Bretanha seja acrescentada à lista dos países com representação proporcional, deixando apenas o Canadá e os Estados Unidos entre as democracias avançadas com o sistema do primeiro-a-cruzar-a-linha-de-chegada.

Embora poucos norte-americanos tenham grande conhecimento da experiência dos outros países democráticos avançados que possuem representação proporcional e sistemas pluripartidários, eles parecem ter um preconceito acentuado contra ambos. Sem disposição de conceber uma alternativa para o modelo do primeiro-a-cruzar-a-linha-de-chegada, e pressionados a garantir uma representação mais justa das minorias nos legislativos estaduais e no Congresso, nossas assembleias legislativas e tribunais federais, em algumas ocasiões dos últimos anos, manipularam a divisão de certas áreas geográficas em distritos eleitorais, criando distritos de formatos estranhos... bem, sim, parecidos com uma salamandra.* Mas nem as assembleias legis-

---

[55] Robert Hazell e David Sinclair, The British Constitution, op. cit., p. 379-400, 382-385, 391.

* O substantivo que designa essa prática, *gerrymandering*, assim como o verbo correspondente, *gerrymander*, têm origem etimológica no sobrenome do governador Elbridge *Gerry*, que em 1812 aprovou uma lei que redesenhou os distritos eleito-

lativas nem os tribunais parecem dispostos a refletir seriamente sobre alguma forma de representação proporcional como algo que seria, muito possivelmente, uma alternativa melhor.

A que ponto aceitamos como um dado corriqueiro o modelo do primeiro-a-cruzar-a-linha-de-chegada foi algo que se revelou de forma clara em 1993, quando se descobriu que um candidato bem qualificado para chefiar a Divisão de Direitos Civis do Ministério da Justiça escrevera um artigo, numa publicação da área de direito, sugerindo que um sistema bastante sensato de representação proporcional poderia ser digno de consideração como uma possível solução para o problema de garantir uma representação mais adequada das minorias.[56] Pelos comentários gerados pela inocente heresia do autor, dir-se-ia que ele havia queimado a bandeira norte-americana nos degraus da escadaria do Supremo Tribunal. Sua candidatura, naturalmente, deu-se por morta e enterrada.

O modelo do primeiro-a-cruzar-a-linha-de-chegada era tudo em que se podia pensar em 1787, e por algumas gerações depois dessa data. Assim como a locomotiva, a representação proporcional ainda não fora inventada. Só foi plenamente concebida em meados do século XIX, quando um dinamarquês e dois ingleses — um deles John Stuart Mill — lhe deram uma formulação sistemática. Desde então, ela se tornou o sistema de preferência esmagadora nas democracias mais antigas.

Após mais de um século de experiência com outras alternativas, não será hora, afinal, de abrirmos a mente para a possibilidade de que o primeiro-a-cruzar-a-linha-de-chegada seja muito bom para corridas de cavalo, mas talvez não a melhor coisa para as eleições, num país democrático tão grande e diversificado quanto o nosso? Não conviria

---

rais de Massachusetts numa eleição para o senado, a fim de beneficiar seu partido, o Democrata-Republicano. Daí resultou pelo menos um distrito de formato estranho na área de Boston, que se dizia assemelhar-se a uma salamandra (*salamander*) — o outro elemento que contribuiu para a formação do neologismo. Com o tempo, ele passou a designar a manipulação da divisão em distritos eleitorais para fins políticos, beneficiando um dado partido, reduzindo a força eleitoral de grupos étnicos ou minorias etc. (N. da T.)

[56] GUANIER, Lani. No two seats: the elusive quest for political equality. *Virginia Law Review*, v. 77, 1991.

considerarmos também as possíveis vantagens de um sistema pluripartidário? Não estou dizendo que devamos necessariamente fazer essas escolhas. Mas não deveríamos pelo menos dar-lhes séria consideração? Não deveríamos fazer-nos esta pergunta: que tipo de sistemas eleitorais e partidários melhor serviriam aos objetivos democráticos?

SISTEMAS PARTIDÁRIOS

Há quase meio século, um cientista político francês, Maurice Duverger, propôs o que veio a ser chamado de Lei de Duverger: os sistemas eleitorais do tipo primeiro-a-cruzar-a-linha-de-chegada tendem a resultar em sistemas bipartidários. Inversamente, os sistemas de representação proporcional tendem a produzir sistemas pluripartidários.[57] Ainda que a relação causal possa ser mais complexa do que sugere meu breve enunciado da Lei de Duverger,[58] um país com sistema de representação proporcional tende a exigir governos de coalizão compostos por dois ou mais partidos. Num país com o sistema eleitoral do primeiro-a-cruzar-a-linha-de-chegada, entretanto, é mais provável que apenas um partido controle o Executivo e o Legislativo. Assim, nos países com representação proporcional — sistemas pluripartidários e governos de coalizão —, as minorias tendem a ser mais efetivamente representadas no governo. Em contraste, nos países com sistemas bipartidários e do primeiro-a-cruzar-a-linha-de-chegada, o governo é mais propenso a ficar nas mãos de um único partido — aquele que houver obtido a maioria das cadeiras no parlamento e o maior número de votos populares, quer por maioria absoluta, quer, mais comumente, por maioria simples. Para distinguir essas duas alternativas principais, farei referência aos países pluripartidários e com

---

[57] DUVERGER, Maurice. *Political parties*: their organization and activity in the modern state. Nova York: John Wiley, 1954. p. 217.

[58] Numa avaliação das propostas de Duverger em 1958, John Grumm observou que "talvez seja mais exato concluirmos que a representação proporcional mais é resultado do que causa do sistema partidário de um dado país". Theories of electoral systems. *Midwest Journal of Political Science*, v. 2, p. 357-376, 375, 1958.

representação proporcional como países "proporcionais", e me referirei aos do sistema eleitoral do primeiro-a-cruzar-a-linha-de-chegada e com apenas dois grandes partidos como "majoritários".[59]

Onde se enquadram os Estados Unidos? Como de praxe, em nenhuma das duas categorias. O país tem um sistema misto, um híbrido, que não é predominantemente proporcional nem predominantemente majoritário. (Ver apêndice B, tabela 4.) Voltarei ao híbrido norte-americano no capítulo 5, mas três observações sucintas podem ajudar a colocá-lo em perspectiva nesse ponto. Primeiro, os Autores não tinham como saber das principais alternativas ao sistema do primeiro-a-cruzar-a-linha-de-chegada, muito menos de compreendê-los plenamente. Segundo, desde a época dos Autores, a maioria dos países democráticos mais antigos e altamente estáveis rejeitou esse modelo do primeiro-a-cruzar-a-linha-de-chegada e optou, ao contrário, por sistemas proporcionais. Terceiro, nosso modelo misto contribui ainda mais para a estrutura incomum do nosso sistema constitucional.

Nosso sistema presidencialista ímpar

Ao percorrermos a lista dos países que compartilham com os Estados Unidos alguns aspectos constitucionais, essa lista, que já começa pequena, diminui ainda mais. Ao chegarmos à presidência, os Estados Unidos deixam de ser simplesmente incomuns. Tornam-se um país ímpar.

Entre as 22 democracias avançadas, a nação norte-americana aparece quase sozinha em sua posse de um único chefe do Executivo eleito pelo povo e dotado de importantes poderes constitucionais —

---

[59] LIJPHART, Arend. *Patterns of democracy, government form and performance in thirty-six countries*. New Haven: Yale University Press, 1999. O autor usa 10 variáveis para distinguir as democracias "majoritárias" das "consensuais". Ver tabela 14.1, p. 245. POWELL JR., G. Bingham *Elections as instruments of democracy, majoritarian and proportional visions*. New Haven: Yale University Press, 2000. O autor usa os termos de seu título, "majoritárias" e "proporcionais". Ver p. 20 ss e a classificação de 20 países democráticos na p. 41.

um sistema presidencialista. Excetuando a Costa Rica, todos os demais países se governam com alguma variação de sistema parlamentarista em que o chefe do Executivo, um primeiro-ministro, é escolhido pelo Poder Legislativo nacional. Nos sistemas mistos da França e da Finlândia, a maior parte dos poderes constitucionais importantes é conferida ao primeiro-ministro, porém também se outorgam certos poderes a um presidente eleito — principalmente no tocante às relações exteriores. Esse arranjo pode levar, como na França, a um presidente pertencente a um partido e um primeiro-ministro proveniente do partido adversário, situação a que, com um belo toque gálico, os franceses dão o nome de "coabitação". Todavia, mesmo admitindo as variações francesa e finlandesa, nenhum dos outros países democráticos avançados tem um sistema presidencialista como o nosso.

Qual a razão disso? A pergunta se decompõe em várias partes. Por que os Autores *escolheram* um sistema presidencialista? Por que *não escolheram* um sistema parlamentarista? Por que todos os outros países democráticos avançados rejeitaram nosso sistema presidencialista? Por que adotaram alguma variante do sistema parlamentarista, ou, como na França e na Finlândia, um sistema predominantemente parlamentarista, com um toque adicional de presidencialismo?

Responder em detalhe a essas perguntas ultrapassaria nossos limites aqui. Mas permitam-me esboçar uma resposta sucinta.

Antes de dá-la, entretanto, quero adverti-los a não citarem a explicação fornecida nos Artigos Federalistas. Eles ficaram muito longe de ser análises críticas e objetivas da Constituição. Se empregarmos uma definição dicionarizada de propaganda como "informações ou ideias metodicamente disseminadas para promover ou prejudicar uma causa, uma nação etc.", diremos que os Artigos Federalistas certamente foram propaganda. Foram escritos *a posteriori* por partidários — Alexander Hamilton, John Jay e James Madison — que queriam persuadir os que duvidaram das virtudes da constituição proposta, a fim de garantir a adoção dela nas convenções estaduais que viriam. Embora sejam ensaios realmente esplêndidos e, em sua maioria, muito dignos de serem lidos na atualidade, eles tornam o trabalho da Convenção mais coerente, racional e instigante do que ele de fato foi. Ironicamente, aliás, a tarefa de explicar e defender o projeto dos Autores para a presidência coube a Hamilton, que, de maneira meio impensada, comentou na Convenção que, quanto ao Executivo, "O modelo inglês era o único que prestava nessa matéria", porque "o interesse hereditário do rei estava muito entrelaçado com o da nação [...] e, ao mesmo tempo, era suficientemente independente e suficientemente controlado para atender ao objetivo". Em seguida, Hamilton propôs que o chefe do Executivo e um ramo do Legislativo "conservassem seus cargos em caráter vitalício, ou, pelo menos, a título inamovível, salvo revogação justificada".[60] Talvez em decorrência desses comentários, ele parece ter tido apenas modesta influência na Convenção sobre esse ou qualquer outro assunto.

Como se deu a escolha. O que se revela no registro mais completo da Convenção[61] é um grupo enleando-se em suas tentativas de responder a uma pergunta absurdamente difícil: como se deve escolher o chefe supremo de uma república, e que poderes constitucionais devem ser conferidos ao Poder Executivo? A pergunta era absurdamente difícil porque, como enfatizei no capítulo anterior, os Autores não tinham um modelo pertinente de governo republicano que lhes desse orientação. Mais que tudo, faltava-lhes qualquer modelo adequado do Poder Executivo. Eles podiam recorrer, é claro, à sagrada doutrina da "separação dos poderes". Como não é de surpreender, todas as referências a essa doutrina registradas nas anotações de Madison foram positivas. E, até certo ponto, suas implicações eram óbvias: uma república necessitaria de um Judiciário independente, um Legislativo bicameral, composto por uma câmara popular e algum tipo de segunda câmara que controlasse a primeira, e um Executivo independente.

Mas como se deveria escolher o chefe independente do Executivo? Quão independente do Legislativo e do povo ele deveria ser? Qual deveria ser a duração do seu mandato? ("Ele", é claro, foi a linguagem usada no Artigo II e, como para a maioria dos norte-americanos até recentemente, era a única maneira pela qual os Autores podiam conceber o ocupante desse cargo.) A constituição britânica

---

[60] *Records*, v. 1, p. 288, 299.
[61] Notas de Madison, publicadas em 1840, após sua morte. Ver nota 6.

foi um modelo útil para os Autores em alguns aspectos, mas, como solução para o problema do Executivo, foi-lhes de total insuficiência. Apesar do respeito dos delegados por muitos aspectos da carta magna britânica, a monarquia estava simplesmente fora de cogitação.[62] Ainda assim, eles poderiam ter escolhido uma versão democrática do sistema parlamentarista, como viriam a fazer as outras democracias europeias em evolução. Embora eles não tivessem conhecimento disso, até na Grã-Bretanha já se vinha desenvolvendo um sistema parlamentarista. Então, por que não ocorreu aos Autores uma versão republicana desse sistema?

Bem, isso quase aconteceu. Enfatizou-se muito pouco, a meu ver, que os Autores chegaram realmente muito perto de adotar algo semelhante ao parlamentarismo. E mais, está longe de ser clara, pelo menos para mim, a razão de eles o haverem rejeitado e, em vez disso, terminado com um sistema presidencialista.[63] Uma solução óbvia — ainda mais óbvia para nós, na atualidade, do que teria sido em 1787 — era permitir que o Legislativo nacional escolhesse o chefe do Executivo. De fato, ao longo da maior parte da Convenção, essa era sua solução favorita. Logo de saída, no dia 2 de junho, apenas duas semanas após a abertura da Convenção, a delegação da Virgínia, que continha algumas das melhores mentes e dos delegados de maior influência, propôs que o chefe nacional do Executivo fosse escolhido pelo Legislativo nacional. Nas anotações de Madison, o curso posterior dessa proposta e das alternativas a ela deixou um rastro fascinante e, não raro, enigmático.

A trilha sinuosa seguida por eles, da melhor forma que consigo reconstruí-la, é mais ou menos assim.[64] Em três ocasiões — 17 de julho, 24 de julho e 26 de julho —, os delegados aprovaram a escolha

---

[62] O único delegado que Madison registrou ter falado em termos favoráveis da monarquia britânica foi Hamilton. Ver a nota 7. Ironicamente, os Artigos Federalistas que defenderam as cláusulas da Constituição sobre o executivo — números 67-77 — foram escritos por Hamilton.

[63] No trecho que se segue, pautei-me livremente por informações de meu livro *Pluralist democracy in the United States*. Chicago: Rand McNally, 1967. p. 85 ss.

[64] Uma fonte conveniente para algumas das discussões relevantes é ELLIS, Richard J. (Ed.). *Founding the American presidency*. Lanham, Maryland: Rowman and Littlefield, 1999. cap. 3, p. 63-96.

do presidente pelo "Legislativo nacional", acolhendo-a por unanimidade na primeira votação e, na última, com uma votação de 6-3. Com uma única exceção, todas as outras alternativas foram derrotadas por maiorias substanciais: num intrigante desvio, em 19 de julho, com a delegação de Massachusetts dividida, eles aprovaram, numa votação de 6-3, que os membros do colégio eleitoral fossem designados pelas assembleias legislativas estaduais. Em 26 de julho, sua solução favorita — a eleição pelo Legislativo nacional — foi encaminhada a um Comitê de Detalhamento. Em 6 de agosto, esse comitê apresentou devidamente seu relatório favorável à eleição pelo Legislativo nacional. Em 24 de agosto, outras duas alternativas tornaram a ser derrotadas. Um novo comitê designado para examinar a questão submeteu seu relatório em 4 de setembro. Àquela altura, os delegados estavam ansiosos por encerrar uma convenção que já vinha trabalhando fazia três meses. Contrariando a recomendação do primeiro comitê, porém, o segundo recomendou que o chefe do Executivo fosse escolhido por eleitores colegiados designados pelas assembleias legislativas estaduais. Dois dias depois, com nove estados a favor e apenas dois contra, os delegados impacientes adotaram essa solução.

Bem, não exatamente. O que eles adotaram afirma, na verdade, que: "Cada estado designará, *da maneira que sua assembleia legislativa possa orientar*, um número de eleitores colegiados igual ao número total de senadores e deputados a que o estado tenha direito no Congresso". O que quer que tenham pretendido os Autores com essas palavras, elas viriam a oferecer uma enorme oportunidade para que a fase democrática da revolução norte-americana democratizasse a presidência.

Dez dias depois de eles concordarem com essa cláusula, a Constituição foi assinada e a Convenção se encerrou.

O que me sugere esse estranho registro é um grupo de homens desorientados e confusos, que finalmente optaram por uma solução, mais por desespero que por confiança. Como os acontecimentos não tardariam a mostrar, era pequena a compreensão que eles tinham de como sua solução funcionaria na prática.

Assim, persiste a pergunta, sem uma resposta clara: por que, afinal, eles não adotaram a solução que pareciam ter favorecido, a de um presidente eleito pelo Congresso, numa espécie de versão norte-americana do sistema parlamentarista? A resposta-padrão tem certa validade, sem dúvida: eles temiam que o presidente ficasse muito comprometido com uma dívida de gratidão para com o Congresso. E todas as outras alternativas lhes pareceram piores.

Entre essas alternativas estava a eleição pelo povo, que foi esmagadoramente rejeitada duas vezes. No entanto, foi essa solução duas vezes rejeitada, a eleição pelo povo, que veio a ser de fato prontamente adotada durante a fase democrática da revolução norte-americana.

Como falhou a solução deles. Talvez em parte alguma de seu trabalho os Autores tenham deixado mais completamente de conceber uma constituição que se revelasse aceitável para um povo democrático. Como já mencionei, a esperança que eles tinham de um grupo de eleitores colegiados que pudesse exercer um julgamento independente sobre o melhor candidato para preencher o cargo resultou num completo fiasco, após a eleição de 1800. Mas, como descreverei no próximo capítulo, ainda haveria outras coisas. Se a eleição de 1800 foi a primeira a revelar como era impróprio o colégio eleitoral numa ordem democrática, a eleição presidencial de 2000, dois séculos depois, dramatizou para o testemunho do mundo inteiro o conflito entre a constituição dos Autores e o ideal democrático da igualdade política.

Ironicamente, se eles tivessem adotado o Plano da Virgínia e posto a escolha do chefe do Executivo nas mãos do Legislativo, como viria a ser a praxe nos sistemas parlamentaristas, os Autores teriam introduzido uma distância um pouco maior entre o povo e o presidente do que permitiu, na prática, a sua solução. Também nesse caso, eles não teriam como antecipar, em 1787, um modelo constitucional que ainda estava por se desenvolver plenamente na Grã-Bretanha e, mais tarde ainda, em outros países a caminho da democracia.

A contínua revolução democrática acarretaria uma mudança ainda mais profunda na presidência. Por mais que Jefferson tenha conduzido o Congresso com habilidade enquanto lidava com a revolução democrática, em momento algum ele questionou publicamente a visão padronizada de que o único representante legítimo da vontade popular era o Congresso, não o presidente. E esse questionamento tampouco foi feito por qualquer de seus sucessores — Madison, Monroe e John Quincy Adams.

Pois foi exatamente isso o que fez Andrew Jackson. Ao justificar seu uso do veto contra as maiorias do Congresso, como único político nacional que tinha sido eleito por *toda* a população, e não apenas por uma pequena fração dela, como eram os senadores e deputados, Jackson insistiu em que só ele podia se afirmar representante de *todo* o povo. E foi assim que deu início ao que chamei de mito da missão presidencial: o mito de que, por ter conquistado a maioria dos votos populares (e dos votos do colégio eleitoral, presumivelmente), o presidente recebeu a "missão" de executar o que quer que tenha proposto durante a campanha.[65] Embora Jackson tenha sido duramente atacado pela audácia de sua afirmação, que nem todos os presidentes posteriores corroboraram, ela ganhou credibilidade ao ser reafirmada por Lincoln, Cleveland, Theodore Roosevelt e Wilson, e acabou sendo firmemente instaurada por Franklin Roosevelt.

O que quer que pensemos da validade dessa afirmação — inclino-me a pensar que ela é pouco mais que um mito criado para servir aos objetivos políticos de presidentes ambiciosos —, ela é, simplesmente, parte de uma transformação da presidência, em resposta a ideias e crenças democráticas, que produziu um cargo totalmente diferente do que os Autores julgaram estar criando, por mais vagas e incertas que fossem suas intenções.

E é bom que seja assim, talvez digam vocês. Mas, se aprovam a democratização da presidência — ou, como eu preferiria dizer, sua pseudodemocratização —, não estarão vocês sugerindo, com efeito, que o sistema constitucional *deve* ser alterado, para atender às exigências democráticas?

Por que outros países se tornaram democracias parlamentaristas. Há ainda mais uma razão para os Autores não haverem escolhido um sistema parlamentarista. Eles não dispunham de um modelo que os inspirasse. Ele ainda não tinha sido inventado.

---

[65] Para uma visão crítica, ver meu artigo "The myth of the mandate", *Political Science Quarterly*, v. 105, n. 3, p. 355-372, outono 1990.

O sistema constitucional britânico que eles conheciam, e que admiravam em alguns aspectos, já caminhava para o sótão das constituições abandonadas ou fracassadas da história. Embora ninguém o percebesse com clareza em 1787, já na época da Convenção a Constituição britânica vinha sofrendo rápidas mudanças. Mais importante, o monarca vinha perdendo rapidamente o poder de impor um primeiro-ministro ao parlamento. Ganhava força a suposição contrária: a de que o primeiro-ministro deveria receber um voto de confiança das duas casas do parlamento e de que deveria renunciar, se e quando perdesse tal confiança. Mas essa mudança profunda na Constituição britânica só se manifestou em sua plenitude em 1832, tarde demais para que os Autores discernissem as possibilidades dela.

Além disso, havia o problema do monarca: de que modo poderia um país ter um sistema parlamentarista sem um chefe de Estado simbólico que exercesse as funções cerimoniais, simbolizasse a unidade da nação e ajudasse a conferir legitimidade à escolha do chefe do Executivo feita pelo parlamento, ungindo-o como primeiro-ministro? Após a evolução do parlamentarismo na Grã-Bretanha, no devido tempo as monarquias também ajudaram os suecos, os dinamarqueses e os noruegueses — e, muito mais tarde, o Japão e a Espanha — a passar para um sistema parlamentarista que a monarquia contribuiu para legitimar. Em 1787, entretanto, o pleno desenvolvimento da democracia parlamentarista em países dotados de uma monarquia ainda estava muito distante. Para os norte-americanos, um monarca, mesmo um monarca cerimonial, estava completamente fora de cogitação. Assim, por que eles não separaram as duas funções, a cerimonial e a executiva, criando um chefe de Estado titular, que funcionasse no lugar do monarca cerimonial, e um chefe do Executivo, equivalente a um primeiro-ministro, que ficasse encarregado das funções executivas? Embora hoje esse arranjo possa parecer-nos bastante óbvio, para os Autores de 1787 ele estava ainda mais distante do que o sistema que aos poucos se desenvolveu na Grã-Bretanha, o país que eles conheciam melhor. Só depois de 1875 e da instalação da Terceira República na França foi que os franceses desenvolveram uma solução que, tempos depois, seria adotada por muitos outros países em processo de democratização: um presidente eleito pelo parlamento, ou, em alguns casos, pelo povo, que funciona como chefe de Estado formal, e um primeiro-ministro escolhido pelo parlamento e responsável perante ele, que funciona como o verdadeiro chefe do Executivo. Para os Autores, contudo, essa invenção, que hoje nos parece bastante óbvia, era quase tão distante e tão difícil de imaginar, talvez, quanto uma ferrovia transcontinental.

Sem a intenção de fazê-lo, portanto, os Autores criaram um arcabouço constitucional que, sob o impacto impulsor da contínua revolução norte-americana, viria a desenvolver uma presidência radicalmente diferente da que eles imaginavam. Com o tempo, os presidentes norte-americanos chegariam ao cargo por meio de eleições populares — uma solução que os Autores haviam rejeitado e temido — e, através da combinação das funções de chefe de Estado com as de chefe do Executivo, o presidente equivaleria a monarca e primeiro-ministro, tudo num só.

Não posso deixar de me perguntar se a presidência que emergiu é adequada a um país democrático moderno como o nosso.

—

Portanto, entre as democracias mais antigas, nosso sistema constitucional não é simplesmente inusitado. É único.

Bem, diriam vocês, ser único não é necessariamente ruim. Talvez nosso sistema constitucional seja melhor por isso.

Melhor por qual padrão? Será que ele é mais democrático? Tem um desempenho melhor em muitos sentidos? Ou seu desempenho é pior?

Essas perguntas não são nada fáceis de responder — é provável que sejam irrespondíveis em termos definitivos. Mas, antes de nos voltarmos para elas, precisamos dar mais uma olhada num vestígio anômalo do trabalho dos Autores — o colégio eleitoral.

Capítulo 4

ELEIÇÃO DO PRESIDENTE

NA NOITE DE 7 de novembro de 2000, iniciou-se nos Estados Unidos um drama que absorveu a atenção de milhões de pessoas, até a cortina descer, seis semanas depois. A nação concentrou-se mais uma vez numa instituição anômala, originada nos Autores, em 1787, em sua busca de um modo adequado de eleger o novo chefe executivo da república. Trata-se do colégio eleitoral, por cujo meio a presidência tinha sido conquistada — não pela primeira vez, e talvez não pela última — por um candidato com menos votos do que seu rival.[66]

Como vimos no capítulo anterior, os Autores ficaram embatucados com a maneira de conceber o chefe executivo de uma república. Como seria escolhido um presidente republicano? Durante os de-

---

[66] Para uma descrição excelente e muito mais completa do colégio eleitoral do que aqui me permite a brevidade, ver LONGLEY, Lawrence; PEIRCE, Neal R. *The Electoral College primer*. New Haven: Yale University Press, 1999. Ver também HARDAWAY, Robert M. *The Electoral College and the Constitution*: the case for preserving federalism. Westport, Connecticut: Praeger, 1994.

bates finais sobre o colégio eleitoral, James Wilson comentou: "Este assunto dividiu enormemente a Casa, e também dividirá o povo, fora destas portas. Ele é, na verdade, o mais difícil de todos sobre os quais tivemos que decidir".[67] Três meses depois de encerrada a Convenção, quando ainda tinha as lembranças frescas na memória, ele fez a mesma observação a seus conterrâneos da Pensilvânia que se haviam reunido para ratificar a nova Constituição. "Com nenhuma parte deste plano, senhor, a Convenção ficou tão perplexa quanto com a maneira de escolher o presidente dos Estados Unidos".[68]

Cada solução parecia pior que as outras. O arranjo que eles finalmente atamancaram no último minuto foi adotado, talvez, mais por desespero do que por grande confiança em seu sucesso. Então, por que os delegados acabaram dando sua aprovação ao colégio eleitoral? Provavelmente, a melhor resposta a essa pergunta seria: os Autores se conformaram com um colégio eleitoral por terem esgotado as alternativas.

COMO SURGIU O COLÉGIO ELEITORAL

Discutimos de que modo, durante os três meses de verão, os delegados consideraram e rejeitaram as possibilidades mais óbvias. Pelas escassas informações disponíveis, é possível acrescentarmos mais alguns fatos.

No dia 6 de agosto, o Comitê de Detalhamento apresentou um rascunho da Constituição que requeria a eleição do presidente pelo Congresso. Essa proposta não encontrou aceitação. Ainda em 24 de agosto, a despeito da pressão crescente para que concluíssemos o trabalho e encerrassem a Convenção, os delegados recusaram por votação todas as alternativas possíveis. Nem mesmo uma moção de que o presidente "[fosse] escolhido por eleitores designados" conseguiu conquistar a maioria dos votos. Incapazes de chegar a um acordo, no último dia de agosto, os delegados entregaram o problema de como

---

[67] *Records*, v. 2, p. 501.
[68] "James Wilson's final summation and rebuttal", 11 de dezembro de 1787. In: BAILYN, Bernard (Ed.). *The debate on the Constitution*. 2 v. v. 1, p. 849.

escolher o presidente a mais um comitê, extraído de cada uma das 11 delegações estaduais. Quatro dias depois, o comitê ofereceu uma das soluções que os delegados já haviam rejeitado: "Cada estado designará, da maneira que sua assembleia legislativa possa orientar, um número de eleitores colegiados igual ao número total de senadores e deputados a que o estado tenha direito no Congresso".[69]

Sem dúvida cansados de sua tarefa e aflitos para terminar, os delegados encontraram uma última falha. O comitê havia proposto que, em caso de empate no colégio eleitoral, a escolha seria feita pelo *Senado* entre os cinco candidatos mais votados. Objeção! Ao que parece, muitos delegados acreditavam que a disputa pela presidência levaria, em geral, a mais de dois candidatos principais — a três, quatro, cinco, mais até. Se suas conjecturas estivessem corretas, a eleição do presidente caberia com frequência, talvez com regularidade, ao Senado, um organismo que eles esperavam que fosse sumamente poderoso e bastante aristocrático. Wilson argumentou vigorosamente contra a concessão desse poder ao Senado. Combinando esse poder adicional "com outras partes do projeto", disse, ele se via "obrigado a considerar que o conjunto tinha uma perigosa tendência para a aristocracia, [e] lançava um perigoso poder nas mãos do Senado".[70] Outros concordaram e, numa votação assimétrica, pendendo para um lado, os delegados realocaram o poder nas mãos da câmara mais popular.

E assim nasceu o colégio eleitoral.

Por que o colégio eleitoral?

Voltemos agora à nossa pergunta. Por que os Autores se contentaram com essa solução? A resposta usual é mais ou menos assim: eles queriam tirar a escolha do presidente das mãos das maiorias populares e pôr essa responsabilidade nos ombros de um corpo seleto de cidadãos sensatos, ilustres e virtuosos — como claramente viam a si mesmos, acrescentaria um cético. A principal fonte da visão padronizada parece ser o Arti-

---

[69] *Records*, v. 2, p. 497.
[70] *Records*, v. 2, p. 522.

go Federalista nº 68, escrito por Hamilton. "A eleição imediata deve ser feita por homens altamente capazes de analisar as qualidades adequadas ao cargo, e que ajam em circunstâncias favoráveis à deliberação, e com uma combinação judiciosa de todas as razões e incentivos apropriados para dirigir sua escolha".[71] Nada, é claro, poderia estar mais longe da realidade do colégio eleitoral, tal como rapidamente evoluiu. E até Hamilton parece haver-se equivocado quanto à mecânica desse órgão em um aspecto: ele presumiu que "o povo de cada estado escolherá [...] [os] eleitores colegiados".[72] Mas o que a Constituição efetivamente previa, como acabamos de ver, era que o poder de determinar como seriam escolhidos os membros do colégio eleitoral era conferido às assembleias legislativas estaduais. E a maioria dos estados, a princípio, não conferia essa responsabilidade ao povo.

A explicação mais completa de que dispomos sobre a proposta do comitê é a oferecida por Gouverneur Morris, integrante (e, provavelmente, membro de alta influência) do comitê, que passou das já conhecidas objeções para as soluções alternativas:

> *Congresso*: "O perigo da intriga & de facções, se a indicação for feita pelo Legislativo". "Ninguém pareceu satisfeito com uma nomeação pelo Legislativo." "A necessidade indispensável de tornar o Executivo independente do Legislativo."
>
> *O Povo:* "Muitos mostraram-se aflitos [isto é, amedrontados][73] até com uma escolha imediata pelo povo".
>
> *Conchavos e Corrupção*: "Como os Eleitores Colegiados votariam ao mesmo tempo em todo o território dos Estados Unidos e a enormes distâncias uns dos outros, o grande mal das intrigas seria evitado. Seria impossível corrompê-los".[74]

---

[71] *The federalist*, op. cit., p. 441. Embora os outros membros da delegação de Nova York se houvessem retirado da Convenção em junho, Hamilton lá permaneceu, ainda que raramente interviesse nos debates e pareça ter tido pouca influência no desfecho.
[72] Ibid., p. 443.
[73] Minha interpretação de "aflitos".
[74] *Records*, v. 2, p. 500. O medo de "conchavos" tinha sido expresso com frequência ao longo das discussões anteriores.

Aqui não há nada da racionalização posterior de Hamilton, embora algo semelhante pudesse estar na mente de alguns delegados.

FRACASSO

Nenhuma parte da Constituição revelou mais depressa as falhas de seu projeto do que a cláusula concernente ao colégio eleitoral. Em menos de 12 anos, a eleição de 1800 já havia exibido dois de seus defeitos. O mais grave, na ocasião, porém fácil de corrigir, foi a incapacidade dos Autores de fazer uma distinção adequada entre eleger o presidente e eleger o vice-presidente.[75] Numa convenção de congressistas em maio de 1800, os republicanos haviam aprovado por unanimidade as indicações de Thomas Jefferson para presidente e de Aaron Burr para vice-presidente. Mais tarde, porém, no colégio eleitoral, os votos se dividiram entre cinco candidatos: Jefferson e Burr ficaram empatados para o cargo de presidente, com 73 votos cada um; entre dois candidatos federalistas, o detentor do cargo, presidente John Adams, obteve 65 votos, e Charles Cotesworth Pinckney, 64; John Jay, o governador de Nova York, recebeu um voto. Como preceituava a Constituição, o impasse foi transferido para a Câmara. Após 36 votações no período de uma semana, Jefferson finalmente prevaleceu, com os votos de 10 dos 16 estados.

O que não tinha sido previsto pelos Autores — um empate entre os dois candidatos principais — tornou-se óbvio nesse momento.[76] A solução foi igualmente óbvia. A Décima Segunda Emenda, que

---

[75] O Artigo 11 previa que "A Pessoa com maior Número de Votos [dos eleitores colegiados] será o Presidente", e, "após a escolha do Presidente, a Pessoa com maior Número de Votos dos membros do Colégio Eleitoral será o Vice-Presidente".

[76] "Como podem os redatores ter cometido um erro tão elementar e colossal? Não menos intrigante, por que os adversários da Constituição, em geral tão ávidos de atacar os pontos fracos do documento, não expuseram nem uma única vez essa fragilidade na mecânica do colégio eleitoral? A resposta curta é que nem os defensores nem os adversários da Constituição previram a formação de partidos políticos nacionais organizados." Richard J. Ellis, *Founding the American presidency*, op. cit., p. 114.

exigiu votações separadas para presidente e vide-presidente, foi prontamente adotada, a tempo para a eleição de 1804.[77]

Embora essa falha no projeto do colégio eleitoral criado pelos Autores tenha sido facilmente corrigida, a outra a ser revelada com clareza na eleição de 1800 persistiu. E persiste até hoje. Aquela eleição presidencial frustrou qualquer esperança que os delegados da Convenção pudessem ter tido de que o colégio eleitoral servisse como um órgão independente, livre dos supostos vícios das eleições populares. A política partidária — ou política partidarista, se preferirmos — transformou os eleitores colegiados em agentes dos partidos, papel este que, a não ser por um ou outro membro aberrante, continuaria a ser desempenhado. O privilégio de funcionar como eleitor do colégio não seria tipicamente concedido a cidadãos ilustres, dispostos a expressar seu juízo independente, como talvez supusessem os Autores, mas a aliados fiéis dos partidos, aliás de menor expressão, em geral. Assim, o desenvolvimento dos partidos políticos e da fidelidade partidária transformou a sofisticada mecânica do colégio eleitoral em pouco mais que um modo de contar votos.

Mais ainda, numa mudança à qual voltarei dentro em pouco, a fase democratizante da revolução norte-americana colocou rapidamente a escolha do presidente onde os Autores se haviam recusado explicitamente a instalá-la: nas mãos do povo (isto é, dos eleitores brancos do sexo masculino).

E assim se encerraram as pretensões aristocráticas do colégio eleitoral.

DEFEITOS DEMOCRÁTICOS INTRÍNSECOS

Mesmo quando os eleitores colegiados eram escolhidos por eleição popular, entretanto, três aspectos antidemocráticos permaneceram como características intrínsecas do colégio eleitoral.

Votos populares versus *votos colegiados*. Primeiro, o candidato com maior número de votos populares — por maioria simples ou até por

---

[77] Ela também estipulou que, se nenhum candidato recebesse a maioria dos votos do colégio eleitoral, a Câmara escolheria entre os três concorrentes mais votados (não cinco, como no artigo original).

maioria absoluta — poderia não receber a maioria dos votos dos eleitores colegiados e, desse modo, não ser escolhido presidente. Quatro eleições presidenciais — inclusive a de 2000 — levaram exatamente a esse desfecho. No exemplo mais famoso, a eleição de 1876, um candidato com a *maioria absoluta* dos votos populares perdeu a presidência. A crise começou quando Samuel J. Tilden, o candidato dos democratas, obteve 51% dos votos populares e, mesmo assim, não conseguiu obter uma maioria clara e incontestável de votos no colégio eleitoral, no confronto com seu adversário republicano, Rutherford B. Hayes. Nas complexas maracutaias políticas que se seguiram,[78] os democratas sulistas do Congresso extorquiram de Hayes a promessa de retirar as tropas federais do Sul e, em troca, prometeram-lhe respeitar os direitos dos negros (o que, é escusado dizer, nunca fizeram). Hayes recebeu então 185 votos dos eleitores colegiados, contra 184 de Tilden. Nas palavras de um relato: "O país aquiesceu. Assim terminou uma crise que poderia ter resultado numa guerra civil".[79]

Em três outras eleições em que o candidato vencedor obteve menos votos populares do que seu rival, *nenhum dos candidatos* obteve a maioria dos votos populares. Nesses casos, que incluíram a eleição de 2000, os votos destinados aos candidatos do terceiro partido privaram os dois candidatos dos partidos principais dessa maioria popular.[80]

Vencer com a minoria dos votos populares. Na verdade, chegar à presidência com apenas uma minoria de votos populares tem sido uma ocorrência bastante comum. Num total de 18 eleições, os candidatos chegaram à presidência sem conquistar a maioria dos votos populares (ver apêndice B, gráfico 1). No cômputo geral, portanto, em uma em cada três eleições presidenciais, o cargo mais elevado da nação foi entregue a um candidato escolhido por uma minoria de eleitores. Numa eleição apertada em que candidatos de um terceiro partido obtenham alguns votos, como aconteceu na eleição de 2000, esse desfecho é sumamente provável.

---

[78] A exposição clássica é a de WOODWARD, C. Vann. *Reunion and reaction*: the compromise of 1877 and the end of reconstruction. Boston: Little, Brown, 1951.
[79] Congressional Quarterly, *Presidential elections since 1789*, op. cit., p. 11.
[80] Richard J. Ellis, *Founding the American presidency*, op. cit., p. 118.

Perder tendo a preferência da maioria. Em alguns casos em que nenhum candidato recebe a maioria dos votos populares, se a segunda opção dos eleitores fosse levada em conta (como pode acontecer em alguns sistemas eleitorais), ou se houvesse um segundo turno entre os dois candidatos mais votados, é perfeitamente possível que o resultado fosse o inverso. Caso se houvesse concedido aos eleitores a oportunidade de expressar sua segunda opção na disputada eleição de 2000, a maioria dos votos do candidato do terceiro maior partido, Ralph Nader, provavelmente teria ido para o vice-presidente Gore e, nesse caso, Gore teria obtido a presidência.

Representação desigual dos eleitores. A esses defeitos do colégio eleitoral podemos acrescentar ainda mais um. Visto que cada estado tem direito a contar com "um número de membros do colégio eleitoral igual ao número total de senadores e deputados" eleitos pelo estado, a desigualdade de representação no Senado torna a entrar em ação. Embora os efeitos sejam um pouco diluídos pela inclusão dos deputados no total, a desigualdade do peso dos votos do colégio eleitoral continua acentuada. O voto de um residente do estado de Wyoming, por exemplo, vale quase quatro vezes mais que o de um residente da Califórnia no colégio eleitoral. Enquanto o número de residentes por cada eleitor colegiado vai de 165 mil a pouco mais de 300 mil nos 10 estados menores, ele vai, nos 10 maiores, de 586 mil, na Geórgia, a 628 mil, na Califórnia. Cada um dos 10 menores estados escolhe duas a três vezes mais membros do colégio eleitoral do que faria, se os eleitores colegiados de cada estado fossem estritamente proporcionais à sua população.[81] (Ver apêndice B, gráfico 2.)

UM DEFEITO REMEDIÁVEL: O VENCEDOR LEVA TUDO

As deficiências democráticas inerentes ao colégio eleitoral foram agravadas por outro item propositalmente adicionado. Nas primeiras eleições, os estados experimentaram uma variedade de métodos para

---

[81] Os números podem mudar ligeiramente quando as cadeiras da Câmara dos Deputados são redistribuídas em conformidade com os números do censo de 2000.

escolher os membros do colégio eleitoral. Um exemplo extremo foi Massachusetts, que "alterou seu sistema de seleção dos membros do colégio eleitoral nada menos que sete vezes nas dez primeiras eleições presidenciais, não raro para atender a interesses partidários de curto prazo".[82] As duas opções principais consistiram em entregar a escolha desses membros à assembleia legislativa estadual ou entregá-la ao povo; a escolha popular, por sua vez, podia ser feita nos distritos — um eleitor colegiado por distrito — ou numa votação geral, passando o vencedor a receber todos os votos do estado para o colégio eleitoral. Dar à assembleia legislativa o poder de escolher os delegados contrariava claramente as correntes democratizantes da época, e a eleição popular logo se tornou predominante. Em 1832, apenas a Carolina do Sul continuava a entregar a escolha à assembleia legislativa, prática que finalmente abandonou durante a guerra civil.[83] Todavia, entre os dois sistemas de eleição popular, o do vencedor que levava tudo logo se tornou predominante, à medida que os líderes políticos concluíram que, ao concentrar todos os votos eleitorais do estado numa única chapa, eles podiam aumentar seu peso no colégio eleitoral e, por conseguinte, sua influência nas eleições.

Se o sistema o-vencedor-leva-tudo proporciona vantagens estratégicas a alguns estados nas eleições presidenciais, também tem pelo menos três desvantagens. Primeiro, reduz os incentivos dos candidatos presidenciais a competirem por votos nos estados "seguros", que claramente serão conquistados por um dos candidatos dos dois partidos principais. Como consequência, os candidatos tendem a disputar votos com mais vigor nos estados "decisivos", que apresentam uma expectativa razoável de pender para um lado ou para o outro nas eleições. Segundo, o sistema reduz drasticamente os incentivos para que candidatos de outros partidos empreendam a dispendiosa tarefa de concorrer para a presidência, por não poderem ter uma expectativa realista de conquistar voto algum no colégio eleitoral. Finalmente, por essas duas razões, o sistema em questão pode reduzir o incentivo de muitos eleitores comuns dos estados "seguros" a comparecer às

---

[82] Richard J. Ellis, *Founding the American presidency*, op. cit., p. 118.
[83] Ibid., p. 119.

urnas: para que ter o trabalho de votar, se o indivíduo sabe que a maioria dos eleitores de seu estado escolherá, com efeito, a chapa inteira dos membros do colégio eleitoral na disputa da presidência? Ao contrário dos problemas do colégio eleitoral que provêm de características previstas na Constituição, o sistema o-vencedor-leva-tudo, como demonstra com clareza a história de seu desenvolvimento, pode ser alterado pelas assembleias legislativas estaduais.

DEVEMOS ALTERAR OU ABOLIR O COLÉGIO ELEITORAL?

Em vista de suas muitas deficiências, o que devemos fazer com o colégio eleitoral? Antes de passarmos a essa pergunta, permitam-me considerar uma objeção comum à modificação dele. Como vimos, a alocação constitucional de eleitores colegiados confere uma vantagem considerável aos eleitores comuns dos estados menos populosos e reduz em grau correspondente a influência dos eleitores de estados maiores. Essa acentuada desigualdade de representação é comumente defendida, como no caso mais extremo do próprio Senado, sob a alegação de que os estados pequenos *precisam* de proteção dos estados grandes e *têm direito* a ela.

Habilitação. Por que devem os interesses dos eleitores populares dos estados pequenos ter direito a uma proteção adicional? As objeções que levantei no capítulo anterior a respeito do Senado também são pertinentes ao colégio eleitoral, de modo que as repetirei aqui:

Disse James Wilson, na Convenção Constitucional: "Podemos esquecer para quem estamos formando um governo? É para *homens* ["pessoas", diríamos hoje] ou para os seres imaginários chamados *estados*?".

James Madison: "A experiência [...] sugere [que] os estados se dividiram em interesses diferentes não por suas diferenças de tamanho, mas por outras circunstâncias".

Além das formas de proteção proporcionadas pela Declaração de Direitos, da divisão constitucional dos poderes em nosso sistema federativo e do imenso corpo de formas de proteção legislativas e judiciais dos direitos básicos, será que as pessoas dos estados menos populosos possuem direitos ou interesses *adicionais* que as habilitem a uma proteção especial, por meio da desigualdade de representação? Se assim é, quais são eles, especificamente?

Haverá algum *princípio de aplicabilidade geral* que justifique o direito de representação extra de alguns indivíduos ou grupos? Se é assim, qual é ele?

Se quiséssemos formular um princípio geral e aplicá-lo com imparcialidade, acaso os mais habilitados à proteção não seriam as minorias *menos privilegiadas*, em vez das pessoas que porventura vivam nos estados menores?

Não tenho notícia de nenhuma resposta convincente para essas perguntas e objeções.

Necessidade. Por trás da crença em que os estados pequenos necessitam de proteção especial contra os estados maiores espreita, talvez, a imagem do valentão de tamanho avantajado, intimidando os colegas mais fracos. Mais uma vez, porém, a questão concreta reduz-se a direitos e interesses legítimos. Se o presidente fosse eleito pelo voto popular, acaso os direitos e interesses legítimos dos cidadãos dos estados pequenos ficariam sujeitos à negligência ou a abusos? A crença em que eles sofreriam apoia-se na suposição de que os candidatos presidenciais teriam pouco incentivo a competir pelos votos dos cidadãos desses estados pequenos, e de que, como resultado, os interesses destes últimos tenderiam a ser negligenciados na formulação de políticas nacionais.

Mas essa suposição me parece errada. Num sistema de eleição direta em que se atribua peso igual aos votos de todos os cidadãos, os candidatos presidenciais ansiarão ainda mais do que hoje por conquistar votos onde quer que eles estejam disponíveis, e, quanto mais apertada esperarem que seja a eleição, mais avidamente buscarão esses votos. É verdade, é claro, que os grupos de interesse com muitos membros tenderão, como fazem no colégio eleitoral, a receber mais consideração do que os grupos de interesse com poucos integrantes. Mas imaginemos dois grupos relativamente pequenos de eleitores populares potenciais, de tamanho similar, um deles concentrado num estado pequeno, o outro num estado grande; vamos presumir que os dois grupos possuam interesses e expressem demandas igualmente compatíveis com o programa geral de um candidato. Mantendo-se mais ou menos comparáveis as demais condições, num sistema de eleição popular, os incentivos do candidato presidencial a conquistar os votos dos dois grupos seriam igualmente fortes, e a localização geográfica de cada grupo seria basicamente irrelevante, de maneira ainda mais conspícua nesta era da televisão.

Não vejo fundamentos racionais para concluir que os direitos, interesses e demandas legítimos dos eleitores dos estados pequenos *devem* ser privilegiados, ou que seriam injustificavelmente prejudicados se o presidente fosse eleito pelo voto popular.

Então, o que *devemos* fazer? E o que *podemos* fazer?[84]

O QUE DEVEMOS FAZER SOBRE O COLÉGIO ELEITORAL?

De uma perspectiva democrática, a mudança mais desejável seria uma emenda constitucional que substituísse o colégio eleitoral pela eleição direta do presidente pelo voto popular; se nenhum candidato recebesse mais de 50% da votação popular, logo em seguida se realizaria um segundo turno entre os dois candidatos mais votados.[85]

---

[84] Para um exame mais extenso das possibilidades de reforma, ver LONGLEY, Lawrence D.; BRAUN, Alan G. *The politics of Electoral College reform*. Prefácio do senador Birch Bayh. 2. ed. New Haven: Yale University Press, 1975.

[85] A necessidade de uma segunda eleição poderia ser evitada por meio de um sistema eleitoral diversamente chamado de segundo turno instantâneo, voto alternativo (VA) ou votação preferencial. "[N]o VA, os membros do colégio eleitoral classificam os candidatos por ordem de sua escolha, marcando '1' no candidato favorito, '2' na segunda opção, '3' na terceira, e assim por diante. [...] [O] candidato que recebe a maioria absoluta dos votos (50% mais um) é imediatamente eleito. Entretanto, quando nenhum candidato obtém a maioria absoluta no sistema VA, o candidato com menor número de preferências é 'eliminado' da contagem, e suas [...] segundas preferências [...] são então atribuídas aos candidatos restantes, na ordem marcada na cédula eleitoral. Esse processo é repetido até que um candidato obtenha a maioria absoluta, sendo então declarado devidamente eleito." REYNOLDS, Andrew; REILLY, Ben. *The International Idea handbook of electoral system design*. Estocolmo: International Idea, 1997. p. 38. Esse sistema é usado na Austrália para eleger

Uma segunda possibilidade seria uma emenda constitucional que mantivesse o colégio eleitoral, mas exigisse que os votos estaduais dos eleitores colegiados fossem alocados aos candidatos na proporção direta de sua parcela dos votos populares no estado.

Por fim, mesmo sem uma emenda constitucional, em resposta a uma grande onda da opinião pública, as assembleias legislativas estaduais poderiam optar pela segunda solução — e com isso voltar ao sistema distrital que, como vimos, foi adotado em vários estados nas primeiras eleições presidenciais.

O que podemos fazer?

Dados de pesquisas indicam que a maioria substancial dos norte-americanos apoiaria uma reforma do colégio eleitoral.[86] Em 1989, uma proposta de emenda à Constituição, a fim de abolir o colégio

---

os membros do parlamento nos distritos que escolhem um único membro. Desde 1922, um sistema análogo — o Voto Transferível Único (VTU) — é usado na República da Irlanda para eleger os membros do parlamento. Entretanto, diferentemente do que acontece nas eleições presidenciais dos Estados Unidos e nas eleições parlamentares da Austrália, na Irlanda os membros do parlamento são eleitos em distritos que escolhem três, quatro ou cinco membros. O sistema VTU produz um alto grau de proporcionalidade entre a quantidade de votos de um partido e o número de seus membros do parlamento. (Ibid., p. 85 ss).

[86] Uma pesquisa Gallup conduzida em 1968 perguntou aos respondentes: "Você aprovaria ou desaprovaria uma emenda à Constituição que eliminasse o colégio eleitoral e baseasse a eleição do presidente no total de votos de toda a nação?". Oitenta e um por cento aprovaram, 12% desaprovaram e 7% não emitiram opinião. Lawrence D. Longley e Alan G. Braun, *The politics of Electoral College reform*, op. cit., p. 154. Numa pesquisa de 1992, apresentou-se aos respondentes a afirmação de que, "Se Perot concorrer, há uma possibilidade de que nenhum candidato presidencial receba votos suficientes do colégio eleitoral para vencer. Caso isto aconteça, a Constituição confere à Câmara dos Deputados o poder de decidir quem será o próximo presidente. Você considera justa essa maneira de escolher o presidente, ou deve a Constituição ser modificada?". Apenas 31% acharam que era uma maneira justa, enquanto 61% responderam que a Constituição deveria ser modificada. (Pesquisa telefônica nacional da CBS News e do *New York Times* com 1.346 adultos, julho de 1992.) Outra pesquisa realizada em 1992 indicou que os norte-americanos estavam longe de concordar quanto à maneira pela qual seus representantes no Congresso deveriam votar, caso nenhum dos candidatos obtivesse maioria no colégio eleitoral.

eleitoral e preceituar, em vez dele, a eleição popular direta do presidente, foi aprovada na Câmara dos Deputados com um apoio esmagador — 338 votos contra 70, ou 83% dos votos da casa.[87]

No entanto, por mais desejável e popular que viesse a ser uma reforma, a resposta mais realista a nossa segunda pergunta — o que podemos fazer? — é: provavelmente, não muita coisa. Segundo uma contagem, mais de 700 propostas foram apresentadas na Câmara para modificar ou abolir o colégio eleitoral. Nenhuma logrou êxito. Como seria esperável, o cemitério das emendas constitucionais para alterar o colégio eleitoral é o Senado — que, como vimos, é o reduto da desigualdade de representação. Quando a proposta de eleição direta aprovada na Câmara em 1989 com 83% dos votos chegou ao Senado, um ano depois, entrou num processo de obstrução — o debate interminável de uma medida por seus adversários, que não querem que ela seja levada à votação. Pelo regimento do Senado, encerrar o debate e levar adiante a votação exigiria o apoio de 60 senadores — 60% do total. A moção para encerrar o debate obteve, efetivamente, a maioria dos votos — 54 dos 100 —, mas não conseguiu obter os 60% exigidos pelo regimento.[88] E, mesmo que a emenda proposta tivesse sido votada, não conseguiria alcançar os dois terços necessários — 67 senadores —, exigidos para a feitura de emendas.

Portanto, a exigência de que uma emenda obtenha os votos de dois terços dos membros do Senado dá aos senadores dos estados pequenos o poder de veto, e esses senadores podem agir de comum

---

Os respondentes dividiram suas escolhas entre as opções oferecidas. Seus deputados deveriam votar no candidato:
    Com maior número de votos populares em toda a nação   29%
    Que vencer no estado do respondente   16%
    Que vencer no distrito eleitoral do respondente   14%
    Que tender a ser o melhor presidente   33%
    Não souberam, não responderam   7%
(Pesquisa telefônica nacional da Gallup com 1.006 adultos, agosto de 1995.)
[87] Lawrence D. Longley e Alan G. Braun, *The politics of Electoral College reform*, op. cit., p. 154.
[88] SLONIN, Shlomo. The Electoral College at Philadelphia: the evolution of an ad hoc congress for the selection of a president. *Journal of American History*, v. 73, p. 35-58, jun. 1986, citado em: Richard J. Ellis, *Founding the American presidency*, op. cit., p. 110.

acordo com outros colegas que prevejam uma redução da influência de seus estados na presidência.[89]

A relativa *desejabilidade* das três soluções possíveis para os problemas do colégio eleitoral parece inversamente proporcional à *probabilidade* de que elas sejam implementadas. Por conseguinte, por mais que os Autores se tenham enganado quanto à maneira como sua improvisação de última hora funcionaria na prática, parece improvável que consigamos apagar do sistema constitucional norte-americano essa mancha antidemocrática.

—

A tentativa dos Autores de isolar o chefe do Executivo da escolha popular fornece o exemplo mais revelador de sua incapacidade de fornecer um sistema constitucional que fosse apropriado para uma república democrática. O destino do colégio eleitoral ilustra três aspectos desse fracasso.

Primeiro, quase desde o começo, o colégio eleitoral deixou inteiramente de funcionar como pretendiam os Autores. Foi prontamente subvertido, por assim dizer, pelas forças democráticas emergentes.

Segundo, até o colégio eleitoral mais democratizado conservou características que poderiam levar e, em alguns casos, efetivamente levaram a desfechos antidemocráticos.

Por último, as exigências estipuladas pelos Autores para a feitura de emendas à Constituição tornaram extraordinariamente difícil promover as mudanças que seriam respaldadas pela maioria dos cidadãos norte-americanos.

---

[89] Lawrence D. Longley e Alan G. Braun, *The politics of Electoral College reform*, op. cit., p. 169.

Capítulo 5

ATÉ QUE PONTO É BOM O DESEMPENHO DO SISTEMA CONSTITUCIONAL?

PERMITAM-ME REPETIR A PERGUNTA que fiz no começo: por que devemos respaldar a Constituição norte-americana? Uma resposta seria: porque ela tem um desempenho melhor do que qualquer alternativa viável.[90]

Se as propriedades ímpares do nosso sistema constitucional lhe facultam um desempenho melhor que o dos sistemas de outros países democráticos, ele merece nosso orgulho e nossa confiança. Se essas peculiaridades não têm importância, talvez devamos ignorá-las. Mas, se o sistema tem um desempenho pior, não deveríamos começar a considerar mudanças possíveis?

As perguntas sobre o desempenho relativo de diferentes sistemas constitucionais são fáceis de formular, mas extraordinariamente difíceis de responder de maneira responsável. É fato que, hoje em dia,

---

[90] Pautei-me aqui livremente por meu artigo: Thinking about democratic constitutions: conclusions from democratic experience. In: SHAPIRO, Ian; HARDIN, Russell (Ed.). *Nomos XXXVIII, political order*. Nova York: New York University Press, 1996.

podemos encontrar — como há apenas uma geração ou mais não nos era possível — vários bons indicadores de como se saem os sistemas de diferentes países numa variedade de aspectos importantes, que vão da alfabetização, educação, saúde e expectativa de vida até direitos políticos e civis, renda, distribuição da renda e outros fatores. No entanto, não é fácil determinar em que medida os arranjos constitucionais de um país influenciam o desempenho da nação nessas questões. Como diz um lugar-comum da ciência, correlações não provam causação. Se existe nos Estados Unidos um grau maior de desigualdade de renda do que na maioria das nossas 22 democracias estabelecidas, será isto uma consequência do nosso sistema constitucional ímpar?

Por mais difíceis que sejam as perguntas desse tipo, e embora a criação de constituições ainda esteja longe de ser uma ciência exata, é fato que hoje dispomos de mais conhecimento sobre diferentes sistemas constitucionais do que poderiam sonhar os Autores — na verdade, mais do que poderia ter reunido qualquer geração da história. Nos anos vindouros, é possível que adquiramos conhecimentos ainda maiores, se nos determinarmos a isso.

Com o devido respeito à incerteza, portanto, quero avaliar quão bem se desempenham os nossos arranjos constitucionais na comparação com os dos outros países em que a democracia está bem estabelecida. Usarei cinco critérios. Até que ponto, se é que o fazem, os arranjos constitucionais ajudam a:

1. manter o sistema democrático;
2. proteger direitos democráticos fundamentais;
3. assegurar a equidade democrática entre os cidadãos;
4. incentivar a formação de um consenso democrático; e
5. proporcionar um governo democrático que seja eficaz na solução dos problemas?

MANUTENÇÃO DA ESTABILIDADE DEMOCRÁTICA

Será que diferentes arranjos constitucionais afetam significativamente as chances de que um país preserve suas instituições democráticas básicas — de que, em suma, continue a ser uma democracia? Essa pergunta descortina um campo vasto, que tem sido extensamente explorado nos últimos anos.

Infelizmente para meus objetivos neste texto, mas felizmente para a democracia, a experiência dos nossos 22 países democráticos não pode fornecer as provas de que necessitamos para responder à nossa pergunta sobre a estabilidade. Selecionei esses países como adequados a uma comparação com os Estados Unidos precisamente por eles serem os únicos, no mundo atual, que mantiveram plenamente as suas instituições democráticas básicas durante meio século ou mais. Uma vez que as instituições democráticas básicas nunca entraram em colapso em qualquer desses países, no correr do período citado (ou num período mais longo), carecemos de qualquer base de comparação do seu desempenho na manutenção da estabilidade democrática fundamental. Por exemplo, se 22 pessoas com dietas extremamente variáveis, porém moderadas, mantêm-se todas mais ou menos igualmente saudáveis, não podemos extrair nenhuma conclusão sobre os efeitos de suas dietas na saúde. O mesmo se dá com nossos 22 países: todos se saíram igualmente bem na manutenção da existência de seus sistemas democráticos.

De nosso estudo hipotético das dietas, entretanto, poderíamos derivar uma conclusão que está longe de ser banal: a boa saúde é possível dentro de uma gama considerável de dietas moderadas. Similarmente, da experiência dos nossos 22 países podemos extrair pelo menos uma conclusão importante: é evidente que as diferenças em seus arranjos constitucionais não afetaram a sobrevivência de suas instituições democráticas básicas. Uma vez que todos esses países se mantiveram estavelmente democráticos, decorre daí que, na gama bastante ampla de variações constitucionais que eles exibem, suas diferenças simplesmente não tiveram importância para a sobrevivência democrática.[91]

---

[91] A sobrevivência de instituições democráticas fundamentais não deve ser confundida com a estabilidade ou a rotatividade dos "governos" parlamentaristas. Os sistemas parlamentaristas exibem uma enorme variação na durabilidade das coalizões do gabinete ministerial — "governos" —, a qual, entre nossos 22 países democráticos, vai da rotatividade relativamente alta dos gabinetes da Itália até sua estabilidade mui-

Como podemos explicar esta conclusão surpreendente? Permitam-me oferecer três proposições gerais.

Primeiro, quando as condições de um país são altamente favoráveis à democracia, diferenças constitucionais como as que existem entre nossas 22 nações não afetam a estabilidade das instituições democráticas básicas. Voltando à analogia com a dieta e a saúde: num grupo de pessoas que leva uma vida saudável em outros aspectos, as variações em dietas moderadas não têm grande importância. Faríamos uma digressão muito longa se descrevêssemos as condições que favorecem a estabilidade democrática, mas podemos dizer que elas parecem incluir coisas como o controle eficaz exercido pelos líderes eleitos sobre as forças armadas e a polícia, uma cultura política que apoie as convicções democráticas, e uma ordem econômica que funcione relativamente bem, entre outras.

Embora um país com condições favoráveis como essas tenda a manter suas instituições democráticas sob uma variedade de possibilidades constitucionais, nenhum sistema constitucional é capaz de preservar a democracia num país em que não existam essas e outras condições favoráveis. Como eu disse, nenhum dos nossos 22 países democráticos sofreu uma ruptura da democracia no último meio século. Mas, se recuarmos ao século anterior, veremos que num de nossos países, no qual as instituições democráticas básicas (exceto a cidadania inclusiva) estavam instauradas havia mais de meio século, os arranjos constitucionais não puderam impedir uma ruptura numa guerra civil — um conflito que resultou, além disso, em baixas imensamente maiores do que as da revolução norte-americana ou as da Revolução Francesa. Tratou-se dos Estados Unidos. As condições necessárias para preservar a unidade nacional tinham-se tornado tão desfavoráveis que, provavelmente, nenhum arranjo constitucional seria capaz de prevenir a secessão e a guerra civil. Dada a extrema polarização dos interesses, valores e estilos de vida entre os cidadãos dos estados escravagistas e os dos estados livres, não consigo imaginar

---

to maior na Noruega e na Grã-Bretanha. Mesmo na Itália, entretanto, um gabinete ministerial que sai pode retornar, com essencialmente os mesmos membros e partidos representados no governo.

nenhuma constituição democrática sob cuja égide os dois setores pudessem ter continuado a coexistir pacificamente num só país.

Mas vamos supor que, ao contrário dos nossos 22 países, tenhamos uma nação em que algumas condições sejam favoráveis à democracia e outras sejam desfavoráveis. Poderiam as características particulares de uma constituição ter importância num país em que as condições subjacentes tornassem a democracia muito incerta? Parece possível que, em situações de incerteza, os arranjos constitucionais possam simplesmente fazer a balança pender para um lado ou para o outro, para a estabilidade democrática ou a ruptura democrática. O que indicam as provas?

Uma questão muito debatida é o efeito exercido na estabilidade democrática pelo sistema presidencialista *versus* o sistema parlamentarista. Talvez por se haverem impressionado com a estabilidade e o poderio norte-americanos, os países em desenvolvimento adotaram com frequência alguma versão de um sistema presidencialista. Como assinalaram dois estudiosos, "Um fato digno de nota [...] é o grau em que o presidencialismo constitui um fenômeno do Terceiro Mundo".[92] O mesmo acontece com a probabilidade de ruptura. Estarão os dois ligados, o presidencialismo e a ruptura? A resposta é tema de debates. Alguns estudiosos concluíram que, nos países em que as condições para uma democracia estável são mistas — umas favoráveis, outras desfavoráveis —, o sistema presidencialista tem mais probabilidade que o parlamentarismo de impor uma tensão maior à sobrevivência democrática.[93] Outros argumentam, entretanto, que "o parlamentarismo não se saiu melhor no Terceiro Mundo do que o presidencialismo; pode-se afirmar que se saiu pior".[94]

Explorar essa questão controvertida nos afastaria muito dos objetivos deste livro, e por isso a deixo sem solução aqui, mas acompa-

---

[92] SHUGART, Mathew Soberg; CAREY, John M. *Presidents and assemblies*: constitutional design and electoral dynamics. Cambridge: Cambridge University Press, 1992. p. 41.
[93] Apoio a essa visão e também concepções mais céticas podem ser encontrados em: LINZ, Juan; VALENZUELA, Arturo (Ed.). *The failure of presidential democracy*: comparative perspectives. Baltimore: Johns Hopkins University Press, 1994. v. 1.
[94] Mathew Soberg Shugart e John M. Carey, *Presidents and assemblies*, op. cit. p. 42.

nhada por quatro advertências sucintas. Primeira: é provável que o intricado sistema constitucional norte-americano não seja adequado como produto de exportação para outros países. Segunda: na medida em que nós, norte-americanos, podemos influenciar diretamente as decisões de países de democratização recente, devemos evitar a tentativa de impô-las a eles. Terceira: é provável que não exista nenhum sistema constitucional que seja o melhor de todos. E, por último, as constituições democráticas precisam ser talhadas para se adaptar à cultura, às tradições, às necessidades e às possibilidades de cada país.

PROTEÇÃO DOS DIREITOS FUNDAMENTAIS

Se os indícios sobre a estabilidade democrática são inconclusivos, o que mostram as provas sobre os direitos democráticos? Até que ponto os sistemas constitucionais dos países democráticos protegem bem os direitos, oportunidades e deveres das maiorias e das minorias?

Nesse ponto, deparamos novamente com um problema metodológico. Como explicarei com mais detalhes no próximo capítulo, a democracia e suas instituições fundamentais pressupõem a existência de certos direitos fundamentais, como a liberdade de expressão e a liberdade de imprensa. Só podemos fazer uma classificação razoável de todos os nossos 22 países como democráticos porque, entre outras coisas, todos têm mantido um alto nível de proteção de direitos e liberdades democráticos básicos. Tal como em referência à estabilidade e à ruptura, ao escolhermos nossos 22 países, necessariamente excluímos qualquer nação em que tenham ocorrido violações maciças e persistentes de direitos políticos fundamentais.

Não obstante, mesmo presumindo que todos eles tenham mantido os direitos políticos no patamar básico da democracia, ou acima deste, efetivamente encontramos algumas variações menores. O importante, contudo, é que não há relação discernível entre os sistemas constitucionais, definidos em linhas gerais, e essas variações de direitos e liberdades. A Freedom House, uma organização independente e sem fins lucrativos que, desde 1973, tem fornecido avaliações anuais das condições de liberdade entre os países do mundo, atribui uma nota idêntica a todos os 22 países democráticos no quesito direitos políticos. Nas liberdades civis, sete países — Alemanha, Bélgica, Costa Rica, França, Israel, Itália e Reino Unido — ficam logo abaixo da nota mais alta.[95] No entanto, se voltarmos a nosso exame das variações das características constitucionais mais gerais que poderiam explicar por que essas sete nações ficam abaixo das restantes, nenhuma delas será capaz de explicar a diferença. O federalismo, o bicameralismo sólido, a desigualdade de representação na câmara alta, a intensa revisão judicial, os sistemas eleitorais e partidários e o parlamentarismo ou o presidencialismo, nenhum deles fornece uma explicação. Ou então, consideremos a liberdade de imprensa ou de radiodifusão e da mídia televisiva. No topo, com uma nota quase perfeita nas avaliações da Freedom House, encontra-se a Noruega — um país não federativo, com sistema parlamentarista, parlamento unicameral, representação proporcional, múltiplos partidos, governos de coalizão e sem revisão judicial dos atos parlamentares. Descendo até metade da lista, logo abaixo dos Estados Unidos, encontramos a Holanda — outro país não federativo de sistema parlamentarista, representação proporcional, múltiplos partidos, governos de coalizão e sem revisão judicial. Por que a diferença? Ou então, comparemos quatro dos países federativos — Suíça, Austrália, Estados Unidos e Alemanha. Dificilmente o federalismo poderia responder pelas variações de suas notas.[96]

A conclusão mais relevante que podemos extrair é que, entre os países democráticos maduros em que as condições de democracia são favoráveis, de modo geral, as diferenças nos direitos e liberdades não podem ser atribuídas aos sistemas constitucionais. Mas, se não é aos sistemas constitucionais, atribuí-las a quê?

A resposta será encontrada, creio eu, nas diferenças das histórias nacionais, das culturas políticas e das percepções das ameaças internas e estratégicas à sobrevivência. Se é assim, os países democráticos, no final das contas, não podem depender de seus sistemas constitucionais para preservar suas liberdades. Só podem depender das crenças e

---

[95] PIANO, Aili; PUDDINGTON, Arch. The 2000 Freedom House survey. *Journal of Democracy*, v. 12, p. 87-92, jan. 2001.
[96] FREEDOM HOUSE. *Press freedom survey*: press freedom world wide. 1º jan. 1999.

culturas compartilhadas por suas elites políticas, jurídicas e culturais e pelos cidadãos a que essas elites respondem.

EQUIDADE DEMOCRÁTICA

Como se compara o sistema constitucional norte-americano com o de outras democracias maduras, no tocante à equidade com que trata os diferentes cidadãos? Como todos sabemos, a questão da equidade ou justiça tem sido fonte de debates intermináveis entre as melhores mentes, desde os tempos da Antiguidade. Aliás, as diferenças de opinião sobre a justiça parecem ser inerentes à condição humana. Eu, no entanto, quero contornar essas controvérsias perenes e me concentrar, em vez delas, num aspecto da equidade que se relaciona diretamente com a questão em exame.

Se agora eu puder usar a expressão "sistema constitucional" em seu sentido mais amplo, incluindo os arranjos eleitorais, poderemos reduzir arbitrariamente as alternativas a duas. Numa delas, que chamarei de sistema proporcional, como resultado da representação proporcional, a percentagem de cadeiras obtidas por um partido no Legislativo espelhará, aproximadamente, a percentagem de votos dados aos candidatos desse partido. Na segunda alternativa, que chamarei de "sistema majoritário",[97] os candidatos que recebem mais votos num determinado distrito obtêm o único assento daquele distrito, e os outros candidatos, por conseguinte, não obtêm cadeira alguma. Num sistema proporcional, todos os partidos minoritários que obtêm votos acima de um dado limiar, digamos, 5%, passam a ser representados no Legislativo. Num sistema majoritário, se o candidato de um partido obtiver a maioria relativa dos votos em todos os distritos, esse partido conquistará *todas* as cadeiras. Embora esse resultado extremo seja apenas uma possibilidade teórica, é comum, nos sistemas majoritários, o partido com a maioria dos votos obter um número desproporcionalmente grande de cadeiras; o segundo maior partido

---

[97] Neste ponto, acompanho o uso de G. Bingham Powell Jr., *Elections as instruments of democracy*, op. cit.

obtém um número desproporcionalmente pequeno de cadeiras; e todos os partidos além desses obtêm poucos assentos, ou nenhum.

Num capítulo anterior, assinalei que a representação proporcional tende a produzir sistemas pluripartidários e governos de coalizão; o sistema do primeiro-a-cruzar-a-linha-de-chegada tende a produzir dois partidos dominantes; e, num sistema parlamentarista com dois partidos dominantes, o primeiro-ministro e o ministério tendem a ser extraídos de um único partido, detentor da maioria das cadeiras, como é típico suceder na Grã-Bretanha.

No debate em torno da relativa desejabilidade da proporcionalidade *versus* o majoritarismo,[98] praticamente ninguém contesta que a proporcionalidade é mais justa com os cidadãos do que o majoritarismo. Mas proporcionalidade não significa, necessariamente, que o princípio da regra da maioria cesse totalmente de funcionar. No Legislativo, por exemplo, é comum os representantes eleitos tomarem suas decisões pela regra da maioria. Mas, como a coalizão de governo geralmente inclui representantes de partidos minoritários, as maiorias governantes tendem a ser mais inclusivas do que nos sistemas majoritários. Por isso, o sistema proporcional aproxima-se mais do que o sistema majoritário de proporcionar uma representação equitativa — igualdade de voz — a todos.

Os defensores do majoritarismo talvez admitam que a proporcionalidade é mais equitativa, porém podem argumentar que os sistemas majoritários oferecem duas vantagens que contrabalançam consideravelmente sua iniquidade. Para começar, dizem com frequência seus defensores, a proporcionalidade tende a produzir coalizões de governo que são mais instáveis e, portanto, mais *ineficientes* do que os governos dos sistemas majoritários. Será que a experiência do grande número de países democráticos maduros com sistema proporcional confirma que seus governos são menos eficientes? Dentro de um instante, examinarei os dados referentes a essa questão. Mas, por ora, apenas suponhamos que viéssemos a descobrir que os sistemas pro-

---

[98] Uma excelente análise, corroborada por amplos dados, é fornecida por G. Bingham Powell, *Elections as instruments of democracy, majoritarian and proportional visions*, op. cit.

porcionais, de modo geral, não são menos eficazes do que os governos dos países com sistemas majoritários. Sob que alegação poderíamos então rejeitar a proporcionalidade?

Ainda poderíamos rejeitá-la se concluíssemos que ter dois partidos dominantes, em vez da multiplicidade de partidos que é típica dos sistemas proporcionais, ajuda a tornar os governos mais *passíveis de responsabilização* perante os eleitores. Nossa suposição seria mais ou menos assim: os sistemas majoritários bipartidários ajudam os eleitores a responsabilizar mais os governos, porque simplificam e esclarecem melhor as alternativas acessíveis ao eleitorado. Por conseguinte, durante as campanhas eleitorais e as eleições, os eleitores podem estabelecer a responsabilidade pelas decisões e políticas recém-adotadas pelo governo. E mais: dado que os eleitores dos sistemas proporcionais enfrentam uma multiplicidade de partidos e possíveis coalizões de governo, talvez tenham dificuldade de calcular o que seu voto realmente significará. Formar uma coalizão da maioria num parlamento pluripartidário pode ser uma tarefa complicada. Se o partido de um eleitor quiser ser incluído na coalizão de governo, que concessões será obrigado a fazer para encontrar um lugar? E que políticas a coalizão finalmente conseguirá aprovar em conjunto e pôr em prática? Em contraste, como os eleitores dos sistemas majoritários comumente têm apenas duas escolhas realistas, eles podem fazer conjecturas mais esclarecidas sobre a direção que o governo tenderá a tomar sob o domínio de um ou do outro partido majoritário.[99]

Uma justificação feita nesses moldes forneceria um sólido apoio aos sistemas majoritários. Entretanto, por mais sedutora que seja, a visão majoritária não é fácil de transformar em realidade. Para começar, no pequeno número de países com sistemas nominalmente majoritários, como assinalou Powell, constatamos uma "recusa persistente dos eleitores a conceder o apoio majoritário a um único partido, ou até a uma coalizão precedente à eleição". Em 45 eleições, de 1969 a 1994, em seis países "predominantemente majoritários", "somente na Austrália, em 1975, e na França, em 1981, um partido ou coalizão pré-eleitoral conquistou uma clara maioria dos eleitores".

---

[99] Ver ibid., caps. 4 e 6.

Em suma, tal como acontece nas eleições presidenciais norte-americanas, o majoritarismo é comumente incapaz de produzir governos que reflitam as escolhas da maioria dos eleitores. Em segundo lugar, a distorção entre cadeiras e votos nos sistemas majoritários cria, vez por outra, uma maioria de cadeiras para um partido que não obteve nem mesmo a maioria simples dos votos e, portanto, foi de fato o segundo colocado. Nesses casos, o partido minoritário entre os eleitores torna-se o partido majoritário no Legislativo. Em terceiro lugar, mesmo nos sistemas majoritários, "a política puramente bipartidária é, na prática, um fenômeno raro, e comumente não é robusta, quando aparece". Ou seja, um terceiro partido — como o Liberal Democrata, na Grã-Bretanha — pode impedir que qualquer dos dois partidos principais obtenha a maioria dos votos, ainda que um deles possa conquistar a maioria das cadeiras do Congresso.[100]

INCENTIVO AO CONSENSO

Mesmo que a proporcionalidade seja mais equitativa que o majoritarismo, muitos norte-americanos dirão que o preço da equidade é alto demais. Qualquer país em que múltiplos partidos disputem cargos, supõem eles, certamente será dividido e contencioso, e sofrerá com coalizões instáveis e ineficazes de governo. Até que ponto é válida essa visão comum nos Estados Unidos?

Em direta contradição com ela, Arend Lijphart, o cientista político que foi pioneiro na análise comparativa da proporcionalidade e do majoritarismo nos países democráticos, refere-se aos sistemas proporcionais como "governos de consenso".[101] E o faz com acerto, pois a experiência mostra que, ainda que a proporcionalidade nem sempre consiga superar as profundas cisões políticas, sociais, culturais ou econômicas (como em Israel, por exemplo), o sistema proporcio-

---

[100] Ibid., p. 129, 130, 197.
[101] LIJPHART, Arend. *Democracies, patterns of majoritarian and consensus government in twenty-one countries*. New Haven: Yale University Press, 1984; Id., *Patterns of democracy, government forms and performance in thirty-six countries*, op. cit.

nal às vezes ajuda a manter a paz no âmbito interno, proporciona oportunidades de conciliação entre adversários e produz um amplo consenso, não apenas a favor das políticas de governo, mas também dos arranjos políticos do país.

Permitam-me oferecer três exemplos. Na Holanda,[102] diferenças religiosas e ideológicas levaram a uma profunda divisão do país em quatro grupos básicos: protestantes, católicos, liberais e socialistas. Os quatro grupos tornaram-se subculturas bem distintas e bastante isoladas entre si por instituições próprias, desde jornais e estações de rádio até escolas, sindicatos, hospitais, casamentos, residências e outras coisas mais. Depois de introduzida a representação proporcional, no começo do século XX, cada um desses grupos também passou a apoiar seu próprio partido político separado. Como não é de admirar, no fim do século XIX e início do século XX, essas cisões básicas entre as quatro subculturas levaram a graves conflitos no tocante à educação, ao direito de voto e aos direitos trabalhistas. Em 1910, as disputas tinham-se intensificado a tal ponto que os líderes dos quatro grupos se alarmaram com o futuro do país. Instigados por essa preocupação, de 1913 a 1917 eles conseguiram não apenas negociar acordos aceitáveis, como também concordaram em que todos os partidos políticos que representavam os quatro grupos seriam representados no gabinete ministerial. Em suma, criaram um governo de consenso. Apesar das cisões persistentes entre as quatro subculturas, um sistema altamente institucionalizado de inclusão plena perdurou por meio século, após o que as mudanças demográficas e o declínio da intensidade das diferenças reduziram a necessidade de uma inclusão completa de todos os quatro partidos em todos os ministérios. Ainda assim, e até hoje, os governos holandeses continuaram a enfatizar a inclusão e o consenso, em vez do controle majoritário do governo.

Ou então, consideremos a Suíça, com suas quatro línguas nacionais — alemão, francês, italiano e a minúscula população de língua

---

[102] DAALDER, Hans. The Netherlands: opposition in a segmented society. In: DAHL, Robert A. (Ed.). *Political oppositions in Western democracies*. New Haven: Yale University Press, 1966. p. 188-236; LIJPHART, Arend. *The politics of accommodation*: pluralism and democracy in the Netherlands. 2. ed. rev. Berkeley: University of California Press, 1975. p. 104 ss.

romanche —, suas duas religiões principais — o protestantismo e o catolicismo, que foram fonte de conflitos sanguinários até meados do século XIX — e suas cerca de duas dúzias de cantões, muitos dos quais são bastante homogêneos, internamente, em matéria de língua e religião. Se quiséssemos refletir sobre as possibilidades de conflito entre essas subculturas, poderíamos concluir que, tal como os Bálcãs, a Suíça deveria fervilhar permanentemente em disputas intensas e, quem sabe, estar até na iminência da desintegração nacional. Mas o pragmatismo, o bom senso e as afeições nacionais dos suíços permitiram que, em 1959, eles criassem um sistema proporcional em que representantes dos quatro principais partidos que representam as diferentes subculturas são todos incluídos, em geral, no Poder Executivo — no Conselho Federal, ou *Bundesrat*.

É razoável concluir que, na Suíça e na Holanda, um sistema majoritário teria tornado não apenas extraordinariamente difícil, mas, provavelmente, de todo impossível a busca de governos baseados num amplo consenso entre subculturas diferentes.

Uma situação muito distinta prevalece na Suécia. Como povo sumamente homogêneo (até o recente afluxo de imigrantes, pelo menos), os suecos possuem uma tradição longa e estável de política de consenso. Embora a origem do parlamento sueco remonte a séculos atrás, a democratização chegou em data relativamente tardia. Somente em 1917 é que o poder de escolher o primeiro-ministro passou das mãos do rei para o parlamento. Nesse sentido, a democracia sueca data de 1917. A representação proporcional já tinha sido introduzida nas eleições parlamentares, contudo, no início do século XX. Todavia, nem a representação proporcional nem a democratização diminuíram a antiga tradição sueca do consenso. Como escreveu um político do país,

> Na tradição política sueca, [...] a "responsabilização" raras vezes é mencionada como um valor. Em vez disso, promove-se a legitimidade por outra estratégia. Ao dividir o poder com os partidos de oposição e incluí-los na gestão do país, supõe-se que o governo seja considerado representativo do povo como um todo e, por conseguinte, seja tido como um governo a que todos possam

sentir-se leais. "Chegar ao consenso", "encontrar uma política comum" e "captar a vontade do povo" têm sido as motivações declaradas dos políticos suecos. A *representatividade* é a norma central da cultura política.[103]

Do ponto de vista norte-americano, o resultado pode ser inacreditável. Em flagrante contraste com a Holanda e a Suíça, os gabinetes ministeriais suecos são extraídos, com frequência, de partidos ou coalizões aos quais efetivamente *falta* a maioria de cadeiras no parlamento. No século passado, "os governos minoritários foram de longe os mais comuns. A média de apoio parlamentar de que desfrutaram os governos entre 1920 e 1994 foi de 41,5%". Vocês bem poderiam perguntar como é que governos minoritários teriam alguma condição de realizar alguma coisa — ou, pensando bem, de permanecer no poder por muito tempo. A resposta parece estar em que, para conquistar um amplo consenso no parlamento e no país em geral, até os governos minoritários negociam com representantes dos partidos que estão *fora* do governo. Em suma, até os governos minoritários governam por consenso.

Se vocês quiserem saber por que os holandeses, os suíços e os suecos preferem a proporcionalidade ao majoritarismo, a resposta é bastante clara: não apenas ela lhes parece muito mais justa, como também os ajuda a conseguir e manter um amplo consenso para as políticas de governo.

E mais: a proporcionalidade pode fortalecer o consenso não apenas no tocante às medidas políticas, mas também no tocante à democracia. A razão parece estar em que a proporcionalidade resulta em menos derrotados. Para esclarecer esse ponto, permitam-me exagerá-lo: num sistema majoritário, os únicos vencedores das eleições são os cidadãos que porventura estejam na maioria; todos os outros, por estarem na minoria derrotada, são perdedores. Em contraste, nos sistemas proporcionais com governos de consenso, todos — bem, quase todos — podem conseguir não tudo que espe-

---

[103] LEIWIN, Leif. Majoritarian and consensus democracy: the Swedish experience. *Scandinavian Political Studies*, v. 21, n. 3, p. 195-206, 1988.

ravam, talvez, mas o bastante para ficarem basicamente satisfeitos com seu governo.

Para que vocês não suponham que esses juízos não passam de especulações interessantes, deixem-me citar alguns dados corroborativos convincentes.[104]

Numa pesquisa realizada em 1990 sobre a opinião dos cidadãos de 11 democracias europeias, perguntou-se aos entrevistados qual era seu grau de satisfação com "o funcionamento da democracia" em seus países. Eles também informaram em quem tinham votado na última eleição nacional do país. Cientes dos resultados dessa eleição em cada um dos países, os autores do estudo classificaram os respondentes como vitoriosos ou derrotados. Em seguida, os 11 países foram dispostos pela ordem do mais majoritário, a Grã--Bretanha, até o mais consensual, a Holanda. Os resultados, que os autores do estudo descreveram como "robustos", foram bastante claros. Nos países mais consensuais, os derrotados mostraram-se quase tão satisfeitos quanto os vitoriosos com o modo de funcionamento da democracia no país. Em contraste, nos países mais majoritários, os derrotados mostraram uma tendência muito maior a estar insatisfeitos.

Para descrever os resultados de outra maneira, suponhamos que, num dado país, 70% dos vitoriosos, mas apenas 40% dos derrotados, estejam satisfeitos com o funcionamento da democracia, o que equivale a uma diferença de 30%. Em outro país, digamos, 70% dos vitoriosos e 65% dos derrotados estão satisfeitos, com uma diferença de apenas 5%. No estudo de 11 democracias europeias que acabei de mencionar, essa diferença de satisfação com o modo de funcionamento da democracia exibiu uma redução sistemática das grandes diferenças nos países mais majoritários, como a Grã-Bretanha — cerca de 25% —, para diferenças quase desprezíveis nos países mais consensuais, como a Holanda, onde a diferença foi inferior a 5%.[105]

---

[104] ANDERSON, Christopher J.; GUILLORY, Christine A. Political institutions and satisfaction with democracy: a cross-national analysis of consensus and majoritarian systems. *American Political Science Review*, v. 91, p. 66-81, mar. 1997.
[105] Ibid., fig. 4, p. 77.

Além disso, tais resultados se sustentaram, mesmo quando foram levadas em conta variações em influências como o desempenho econômico, o *status* socioeconômico e o interesse político.[106]

Em suma, se vocês viverem num país majoritário e seu partido ficar em segundo lugar, ou numa colocação pior, é provável que fiquem insatisfeitos com o modo como funciona a democracia em sua nação. Mas, se viverem num país democrático de sistema mais consensual e seu partido ficar em segundo ou terceiro lugar, ou talvez até em quarto, é provável que se sintam satisfeitos com o modo de funcionamento da democracia, por saberem que suas opiniões ainda serão representadas no governo.

Até aí, tudo bem, diriam vocês, mas pode um sistema consensual produzir governos eficientes — governos capazes de solucionar os problemas que interessam aos cidadãos? Será que os governos majoritários não teriam um desempenho mais eficaz? Em particular, acaso nosso sistema constitucional norte-americano não tem sido tão eficaz quanto muitos governos de consenso, e talvez até mais eficiente que a maioria, quando se trata de fazer as coisas que os cidadãos desejam? Examinarei essa questão dentro em pouco.

Antes disso, porém, quero chamar sua atenção para um aspecto saliente do nosso sistema constitucional: *o sistema constitucional norte-americano não é majoritário.*

O HÍBRIDO NORTE-AMERICANO

Quaisquer que possam ser suas vantagens hipotéticas, a visão majoritária não é aplicável ao sistema de governo estadunidense. Embora nosso sistema não seja proporcional, também não é majoritário. Fosse por intenção racional, fosse por uma compreensível incapacidade de prever as consequências, ou ambas as coisas, James Madison e seus companheiros das outras delegações criaram um sistema constitucional que é um híbrido de proporcionalidade com majoritarismo.

---

[106] Ibid., p. 78.

Três maiorias. É verdade que dois partidos dominam nosso cenário político, mais completamente do que em qualquer outra democracia estabelecida. Entretanto, mesmo quando um partido conquista não apenas a presidência, mas também as maiorias no Senado e na Câmara, há três diferentes maiorias populares em ação; a composição de cada uma dessas três maiorias não corresponde às das outras; e seus representantes não necessariamente concordam. Eu não diria que essa característica é necessariamente indesejável, mas de fato surgem consequências indesejáveis quando ela se combina com outros aspectos de nosso sistema.

Governo dividido. Para começar, um partido pode não obter o controle de todas as três ramificações do poder. Aliás, nos últimos 50 anos, o controle da presidência e das duas casas do Congresso por um único partido tornou-se uma raridade. Segundo o comentário de David Mayhew em *Divided we govern*, "Desde a Segunda Guerra Mundial, a divisão do controle partidário do governo nacional norte-americano passou a parecer normal".[107] De 1946 a 2000, esses três ramos se dividiram entre os dois partidos por mais de seis em cada 10 anos. Nossa constituição não apenas permite o governo dividido como não pode impedi-lo. E não oferece nenhuma saída, exceto por meio de eleições a intervalos fixos — eleições que podem apenas reproduzir as divisões existentes, ou inaugurar novas divisões.

Tem importância o governo estar dividido? Em particular, será que os períodos de governo dividido tornam mais difícil a concordância entre os três ramos quanto a políticas nacionais que exijam uma legislação? Em suma, será que esses períodos tornam mais fáceis os impasses? Os dados são ambíguos. Num notável estudo sobre o período entre as eleições de 1946 e 1990, David Mayhew não encontrou qualquer "relação digna de crédito entre a incidência de leis importantes e o fato de o controle partidário estar unificado ou dividido".[108] Uma análise posterior do período entre 1947 e 1994, entretanto, concluiu que as leis importantes tendem mais a ser apro-

---

[107] MAYHEW, David R. *Divided we govern*: party control, lawmaking, and investigations, 1946-1990. New Haven: Yale University Press, 1991. p. 1.
[108] Ibid., p. 76.

vadas em períodos de governo unificado. A diferença entre o governo dividido e o unificado é particularmente acentuada quanto todos os três ramos ficam sob o controle do mais ativista entre os dois partidos, o Partido Democrata.[109]

O presidente: consensual, majoritário, nenhum dos dois, ou ambos?

No ápice da complexa estrutura das instituições políticas assenta-se — ou ergue-se, conforme o caso — a presidência norte-americana, um cargo sem equivalente em qualquer das outras democracias estabelecidas, ou, até onde sei, em qualquer outro país democrático.

É difícil, impossível mesmo, enquadrar a presidência nas categorias simples do consensual ou do majoritário. Um obstáculo à classificação direta é a combinação de papéis do presidente. Mais especialmente, enquanto, nas outras democracias mais antigas, os papéis de primeiro-ministro e de chefe cerimonial de Estado são separados, em nosso sistema eles se misturam, não apenas constitucionalmente, mas também nas expectativas populares. Esperamos que nosso presidente exerça tanto a função de chefe do Executivo como a de uma espécie de monarca eleito à moda norte-americana, cerimonial e digno, além de ser um exemplo moral.

Essa mistura de papéis esteve presente desde o começo. Embora, nos primeiros anos, a vituperação dos presidentes na imprensa ultrapassasse em muito, com frequência, os limites hoje considerados aceitáveis, os presidentes, no intuito de manter a dignidade do cargo, raras vezes se dirigiam ao público em geral, a não ser, possivelmente, em ocasiões oficiais; e, quando o faziam, raramente empregavam uma retórica popular ou discutiam suas próprias políticas. Nesses aspectos, se não em outros, agiam menos como políticos do que como monarcas ou chefes de Estado cerimoniais. Com efeito, até a década de 1830, os candidatos à presidência não faziam nenhum discurso de campanha; e, até Woodrow Wilson quebrar um tabu secular em 1912, nenhum presidente jamais havia "feito campanha em proveito próprio".[110]

---
[109] COLEMAN, John J. Unified government, divided government, and party responsiveness. *American Political Science Review*, v. 93, p. 821-836, dez. 1999.
[110] TULÍS, Jeffrey K. *The rhetorical presidency*. Princeton: Princeton University Press, 1987. p. 87 ss. TRAY, Gil. Candidates take the stump, then and now (carta). *New York Times*, 17 jan. 1988.

A partir de Andrew Jackson, entretanto, os presidentes já haviam começado a fazer a audaciosa afirmação de que, em virtude de sua eleição, só eles representavam *todo* o povo, ou, pelo menos, a maioria dele. Alguns chegavam até a afirmar que sua eleição os dotava de uma "missão" de implantar suas políticas. Na medida em que se aceitava essa afirmativa de uma missão, ela aumentava a aceitabilidade das políticas de um presidente, revestindo-as da legitimidade da soberania popular.

Apesar da frequência com que presidentes recém-eleitos apostam em afirmar uma missão, quanto mais de perto inspecionamos a cadeia de suposições que pareceriam sustentar tal afirmativa, mais frágeis se afiguram seus vínculos.[111] Há que haver uma extraordinária demonstração de fé para inferir as opiniões dos eleitores a partir de nada além de sua maneira de votar para presidente. Embora as pesquisas sistemáticas de opinião forneçam uma base muito mais sólida para a compreensão das atitudes e expectativas populares, a afirmação de uma missão presidencial, baseada em nada além do resultado de uma eleição, antecedeu em mais de um século as pesquisas sistemáticas. E, mesmo a partir do início das pesquisas sistemáticas de opinião, na década de 1940, os presidentes e seus seguidores (e a crítica especializada) basearam sua frágil reivindicação de uma missão, tipicamente, em nada além dos resultados das eleições, que não teriam possibilidade de revelar se as políticas presidenciais estavam de acordo com as preferências dos eleitores. Desde os anos 1940, essa concordância tende mais a vir da atenção escrupulosa dada às pesquisas de opinião pública do que da leitura das folhas de chá dos resultados eleitorais.

As afirmações presidenciais de representar "o povo norte-americano", somadas aos esforços de promover determinadas políticas nacionais, são componentes da mistura geral de papéis que distingue a presidência estadunidense e faz com que ela não seja simplesmente majoritária nem simplesmente consensual.

Essa mistura de papéis parece ser aceita de modo geral pelos norte-americanos. Ao que parece, queremos que nossos presidentes se-

---

[111] Examinei-os mais detidamente em: The myth of the presidential mandate. *Political Science Quarterly*, v. 105, p. 355-372, outono 1990.

jam, ao mesmo tempo, políticos astutos e estadistas de talento. Esperamos que vivam no mundo real da política cotidiana e num mundo imaginário acima da política. A maioria de nós entende que, para ter sucesso no cargo, o presidente deve ser um membro ativo e dinâmico do partido, um líder partidário e um negociador e promotor de acordos que afaga, bajula, suborna, ameaça e coage o Congresso para garantir votos e apoio, a fim de que as promessas e políticas se tornem realidade.

Mas também esperamos que nosso presidente funcione como um exemplo moral para todos, que se erga como um ícone no qual possamos projetar, devotamente, qualidades de inteligência, cultura, compreensão, compaixão e caráter muito acima das que esperamos nos seres humanos comuns, como nós mesmos. Visto que nenhum mortal pode ficar à altura desses padrões elevados, tem sido frequente atacarmos com brutalidade os presidentes, enquanto estão no poder, e depois enaltecer sua memória. No cargo, podemos retratar o presidente como um trapalhão de desenho animado. Depois que ele sai da Casa Branca, porém, ou se retira deste mundo, ignoramos as verrugas e as cicatrizes e pintamos o retrato idealizado de uma figura nobre e exemplar.

A ambivalência em relação ao presidente está profundamente arraigada na cultura norte-americana. Quando crianças, aprendemos a cultuar nossos presidentes por sua grandeza;[112] quando adultos, zombamos deles por não atingirem a grandeza de seus míticos predecessores. Ao escolhermos entre os candidatos à presidência, ansiamos pela perfeição; todavia, nossas únicas escolhas realistas se dão entre seres humanos falhos, que convivem com todas as ambiguidades morais exigidas pela vida na política. Em suma, a mescla impossível de papéis que se espera que um presidente norte-americano desempenhe impõe um fardo pesado não apenas ao ocupante

---

[112] GREENSTEIN, Fred I. The benevolent leader: children's images of political authority. *American Political Science Review*, v. 54, p. 934-943, dez. 1960. As ideias dos alunos de escola norte-americanos sobre o presidente diferem das de escolares ingleses e franceses sobre seus chefes do Executivo. GREENSTEIN, Fred I.; TARROW, Sidney. Children and politics in Britain, France, and the United States: six examples. *Youth and Society*, v. 2, p. 111-128, 1970.

do cargo, mas também, o que é mais importante, aos eleitores estadunidenses.

Responsabilização. Responsabilizar o governo por seus atos pode ser um fardo ainda mais pesado para os eleitores. Onde havemos de situar a responsabilidade pela condução do nosso governo? Quando vamos às urnas, quem podemos responsabilizar pelos sucessos e fracassos das políticas nacionais: o presidente, a Câmara, o Senado? O Supremo Tribunal não eleito? Ou será que, dado o nosso sistema federativo, devemos responsabilizar os estados, onde os governos, em sua complexidade, são um microcosmo do governo nacional?

Mesmo para quem passa a vida estudando a política, essas podem ser perguntas de resposta extremamente difícil. Eu, por exemplo, inclino-me a achar que, comparado aos sistemas políticos dos outros países democráticos avançados, o nosso está entre os mais opacos, complexos, confusos e difíceis de entender.

Vemos, portanto, que nosso sistema híbrido, que não é majoritário nem proporcional, talvez não possua as vantagens de nenhum dos dois e tenha os defeitos de ambos. Se não consegue assegurar a equidade prometida pela visão proporcional, também não proporciona a clara responsabilização prometida pela visão majoritária.

EFICIÊNCIA DEMOCRÁTICA

A tudo isso talvez vocês digam: ainda que o híbrido norte-americano tenha algumas deficiências, quando visto numa perspectiva comparativa, não será ele tão eficaz quanto outros governos, ao lidar com os problemas que preocupam os cidadãos estadunidenses?

Mais uma vez, não podemos dar uma resposta responsável a essa pergunta sem enfrentar alguns graves problemas metodológicos. Nossos 22 países democráticos diferem de tantas maneiras, que desvendar os efeitos que podemos sensatamente atribuir ao sistema constitucional é uma tarefa realmente assustadora. Consideremos o *tamanho*. A população dos Estados Unidos é 60 vezes maior que a da Noruega, equivale a 50 vezes a da Dinamarca, a 37 vezes a da Suíça, a

30 vezes a da Suécia e a quase mil vezes a da Islândia, que é um pouco menor que a da cidade de Tampa, na Flórida. Embora os efeitos do tamanho da população na vida política democrática sejam extremamente difíceis de medir, não há como ignorá-los.[113]

Ou então, consideremos a *diversidade*: em linhas muito gerais, a diversidade tende a aumentar com o tamanho.[114] Mas será realmente possível dizermos que os Estados Unidos são mais diversificados que a Suíça, ou que nosso vizinho, o Canadá?

Acrescente-se mais outra variável: a *riqueza relativa*. Embora a Noruega e a Costa Rica sejam relativamente pequenas em termos populacionais — existem cerca de 4,5 milhões de noruegueses e aproximadamente 3,7 milhões de costarriquenhos —, o PIB *per capita* da Noruega equivale a 14 vezes o da Costa Rica.[115]

Até onde essas diferenças de tamanho, diversidade e riqueza relativa afetam a vida política e a política pública? Apesar das dificuldades apresentadas por esse tipo de variações nacionais, os dados comparativos podem ajudar-nos a avaliar melhor de que modo o desempenho estadunidense se compara com o de outros países democráticos avançados.[116] Quando classificamos os Estados Unidos com outras democracias estabelecidas em quesitos como taxa de encarceramento, proporção entre pobres e ricos, crescimento econômico, gastos sociais, eficiência energética, ajuda externa e dados similares, seu desempenho não chega a impressionar (ver apêndice B, tabela 5). Duas áreas em que nosso país figura entre os primeiros da lista estão longe de ser realizações de que possamos orgulhar-nos. Em termos da percentagem da população que encarceramos, aparecemos num claro primeiro lugar, ao passo que nossa proporção entre ricos e pobres é maior

---

[113] Edward Tufte e eu empreendemos uma investigação dessa natureza em *Size and democracy* (Stanford: Stanford University Press, 1975), mas, infelizmente, o tema não parece haver suscitado muitas investigações posteriores.
[114] Ibid., p. 95 ss.
[115] Se bem que, tomando por base a paridade do poder de compra, essa diferença se reduza a menos de quatro vezes. U.S. CENSUS BUREAU. *Statistical abstract of the United States, the national data book, 1999*. Washington, DC: U.S. Governrnent Printing Office, 1999. p. 841, tabela 1362.
[116] Para maiores detalhes, ver tabela 5.1, no apêndice.

que a da maioria dos outros países. Ficamos entre os três últimos — e, em algumas medidas, na base dos três últimos — no tocante ao comparecimento dos eleitores às urnas, medidas estatais de bem-estar social, eficiência energética e representação feminina no legislativo nacional. Ainda mais importante, apesar da nossa boa colocação em termos de crescimento econômico, ficamos quase em último lugar nos gastos sociais. Por fim, embora muitos norte-americanos pensem que somos generosos demais em nossa ajuda econômica a outros países, entre 19 países democráticos, ficamos em último lugar.

Em sua comparação entre sistemas consensuais e majoritários em 36 países, Arend Lijphart concluiu que

> as democracias majoritárias não superam o desempenho das democracias consensuais na gestão macroeconômica e no controle da violência — na verdade, as democracias consensuais têm um histórico ligeiramente melhor —, mas as democracias consensuais têm desempenho claramente melhor que as majoritárias no tocante à qualidade da democracia e da representação democrática, bem como em relação ao que chamei de bondade e gentileza de sua orientação na política pública.[117]

Parafraseando a conclusão de Lijphart, não encontro nenhuma prova convincente de que nosso híbrido supere o desempenho de sistemas que são mais plenamente consensuais ou mais plenamente majoritários. Ao contrário, comparado ao de outros países democráticos, nosso desempenho, no cômputo final, parece medíocre, na melhor das hipóteses.

A que ponto nosso desempenho tem a ver com nosso sistema constitucional? Desvendar a extensão dessa ligação seria extraordinariamente difícil, talvez impossível, e vou deixar essa tarefa por conta de outras pessoas.[118]

---

[117] Arend Lijphart, *Patterns of democracy, government form and performance in thirty-six countries*, op. cit., p. 301-302.
[118] Juan Linz e Alfred Stepan oferecem provas impressionantes de que, ao proporcionar mais pontos em que as minorias privilegiadas podem vetar a implantação de políticas federais, o sistema federativo norte-americano é o que tem o pior desem-

Parece razoavelmente claro, porém, que um sistema constitucional mais bem projetado para alcançar metas democráticas, como a proteção dos direitos fundamentais, a representação equitativa e um consenso maior, não se dá necessariamente ao preço da eficiência governamental, muito menos da estabilidade do próprio sistema democrático. Se é assim, será que não temos todas as razões para empreender um exame sério e responsável das alternativas possíveis à nossa atual Constituição norte-americana? Ou, no mínimo, já não será hora — ou mais do que hora — de pararmos de pensar em nossa carta magna como um texto sagrado, e de começarmos a pensar nela como nem mais nem menos que um meio para atingir objetivos democráticos?

---

penho nas políticas sociais entre todos os países da OCDE. Uma versão preliminar sucinta das constatações desses autores é seu artigo "Inequality inducing and inequality reducing federalism: with special reference to the 'classic outlier' — the USA", preparado para o XVIII Congresso Mundial da Associação Internacional de Ciência Política, realizado em 1-5 de agosto de 2000 na cidade de Quebec, no Canadá.

Capítulo 6

POR QUE NÃO UMA CONSTITUIÇÃO MAIS DEMOCRÁTICA?

COMECEI FAZENDO ESTA PERGUNTA: por que nós, norte-americanos, devemos respaldar nossa Constituição? Permitam-me agora fazer nela uma ligeira modificação: que tipo de constituição *devemos* sentir-nos obrigados a respaldar?

Refiro-me, é claro, a uma constituição norte-americana — não necessariamente a atual, mas uma constituição que, após criteriosa e prolongada deliberação, nós e nossos concidadãos concluamos ser a mais bem planejada para servir a nossos fins, metas e valores políticos fundamentais.

A CONSTITUIÇÃO COMO ÍCONE NACIONAL

Estou bem ciente de que, ao expressar reservas sobre a Constituição, como venho fazendo nestes ensaios, posso ser condenado por atirar pedras num ícone nacional. "Desde os tempos dos pais fundadores", observou recentemente um historiador, "[tem havido] uma aura sagrada em torno da Constituição, que é patente na retórica política comemorativa". Durante os anos decorridos entre as duas guerras mundiais, o culto da Constituição "adquiriu as feições de um culto religioso".[119] Essa atitude reverente continua a existir. Numa pesquisa telefônica realizada com mil cidadãos adultos norte-americanos em 1997, 71% disseram concordar inteiramente com a afirmação de que sentiam orgulho da Constituição; outros 20% declararam concordar parcialmente.[120] Num levantamento de 1999, 85% dos pesquisados disseram pensar que a Constituição é uma das grandes razões de "os Estados Unidos terem sido bem-sucedidos durante o século passado".[121]

Não descarto a importância dos ícones para fortalecer convicções religiosas ou políticas, nem descarto a utilidade dos mitos e rituais para ajudar a promover a coesão nacional. Mas uma fé que se baseia em pouco mais que a conformidade geral a crenças convencionais é um alicerce frágil da nacionalidade — para não dizer da democracia. Por isso, quero sugerir uma alternativa.

A única constituição legítima para um povo democrático, ao que me parece, é aquela que é concebida para servir a fins democráticos. Vista por essa perspectiva, uma constituição norte-americana tem que ser a melhor que possamos criar para permitir que cidadãos com igualdade política se governem, regendo-se por leis e políticas de governo que sejam adotadas e mantidas com seu consentimento racional.

Essa não é nem de longe uma visão inédita. O que estou sugerindo é que uma constituição deriva sua legitimidade de um juízo moral e político anunciado ao mundo há mais de dois séculos. Esse juízo (ligeiramente modificado em relação ao original) afirma:

> Que todos os *seres humanos* são criados iguais, dotados que são pelo Criador de certos direitos inalienáveis, entre os quais estão

---

[119] SCHUDSON, Michael. *The good citizen, a history of American civic life*. Cambridge, Mass.: Harvard University Press, 1998. p. 202.
[120] Constitutional Knowledge Survey [Pesquisa sobre Conhecimento Constitucional], National Constitutional Center, setembro de 1997, pergunta 2.
[121] Organização Gallup, 1999.

a Vida, a Liberdade e a Busca da Felicidade. Que, para assegurar esses direitos, instituem-se em meio *ao povo* governos que derivam seus justos poderes do consentimento dos governados. Que, sempre que uma forma de governo se torne destrutiva para tais fins, cabe ao povo o Direito de alterá-la ou aboli-la e de instituir um novo governo, alicerçando-o em princípios tais e organizando seus poderes numa forma tal que lhe pareçam os mais propensos a efetivar sua Segurança e sua Felicidade.

Mas surgem imediatamente duas perguntas. Primeira: a igualdade política é uma meta realista? Segunda: é realmente um objetivo desejável?[122]

A IGUALDADE POLÍTICA É UMA META REALISTA?

Alguns de vocês talvez descartem como obviamente falsas as nobres palavras que citei há pouco. Se há uma coisa evidente na igualdade, objetariam vocês, é que os seres humanos *não são* iguais. Seja por causa dos genes, do nascimento, da sorte, das realizações ou do que for, não somos iguais na instrução, nas dotações culturais, nas aptidões sociais e de comunicação, na inteligência, nas habilidades motoras, na renda, na riqueza, no país em que vivemos, e assim por diante. Mas, embora essa seja uma objeção corriqueira, ela perde inteiramente de vista o que está em questão. Dificilmente os homens que redigiram e adotaram a Declaração da Independência dos Estados Unidos da América precisariam ser lembrados dessas questões elementares. Estavam por demais cientes de como era o mundo para fazerem afirmações que a experiência humana cotidiana obviamente contradizia. Mas não pretendiam, é claro, que a Declaração fosse entendida como uma exposição da realidade. Pretendiam que fosse compreendida como uma afirmação *moral*. A igualdade humana, insistiam eles, é

---

[122] Nas seções que se seguem, baseei-me livremente em meu ensaio: The future of political equality. In: DOWDING, Keith; HUGHES, James; MARGETTS, Helen (Ed.). *Challenges to democracy*. Hampshire, UK: Palgrave, 2001.

um padrão moral e até religioso pelo qual é correto e apropriado julgar um sistema político.

Entretanto, os padrões ideais podem elevar-se a patamares tão fora do alcance humano que se tornam irrelevantes. Estará a igualdade política tão distante das possibilidades humanas que bem poderíamos esquecê-la?

Dificilmente eu precisaria lembrar-lhes as enormes e persistentes barreiras à igualdade política e, com efeito, à igualdade humana em geral.[123] Consideremos a antiquíssima e primitiva barreira que se ergue a partir das diferenças no tratamento de homens e mulheres.

Os autores das conhecidas palavras sobre igualdade que acabei de citar, bem como os 55 delegados do Segundo Congresso Continental que aprovaram com seus votos a adoção da Declaração, em julho de 1776, eram todos homens, é claro, e nenhum deles tinha a menor intenção de estender o sufrágio ou muitos outros direitos políticos e civis fundamentais às mulheres — as quais, pelas leis da época e durante todo o século seguinte, eram propriedade legítima do pai ou do marido.

Os dignos defensores da Declaração também não tinham intenção de incluir os escravos, nem tampouco, por falar nisso, as pessoas libertas de origem africana, que compunham uma parcela substancial da população de quase todas as colônias que reivindicavam o direito de se tornarem repúblicas independentes e com governo próprio. O principal autor da Declaração, Thomas Jefferson, possuía várias centenas de escravos, nenhum dos quais libertou durante sua vida.[124]

---

[123] Para uma descrição completa das falhas na igualdade de cidadania entre os norte-americanos, ver o livro magistral de Rogers M. Smith, *Civic ideals*, op. cit.

[124] Provavelmente por estar muito endividado, ele havia libertado apenas cinco escravos ao morrer. Ver: GORDON-REED, Annette. *Thomas Jefferson and Sally Hemings*: an American controversy. Charlottesville: University of Virginia Press, 1997. p. 38. Apesar de não serem claras as suas razões para libertar esses cinco, todos eram parentes de sua amante, Sally Hemings, e é provável que dois fossem seus filhos com ela. Embora a questão da paternidade seja controvertida, Gordon-Reed fornece sólidas provas circunstanciais. Ver seu "Resumo das provas" nas p. 210 ss, e ver também o apêndice B, "As memórias de Madison Hemings", p. 245 ss. Os testes de DNA fornecem outras provas circunstanciais, embora elas não sejam conclusivas. Ver: SMITH, Dinitia; WADE, Nicholas. DNA test finds evidence of Jefferson child by slave. *New York Times*, 1º nov. 1998.

Somente passadas mais de quatro vintenas e sete anos (para tomar emprestada uma expressão poética do Discurso de Gettysburg proferido por Lincoln) é que a escravatura foi legalmente abolida nos Estados Unidos, pela força das armas e por norma constitucional. E ainda foi preciso mais um século para que os direitos dos afro-americanos a participar da vida política principiassem a ser efetivamente implementados no Sul dos Estados Unidos. Agora, passadas duas gerações, norte-americanos brancos e negros ainda carregam as feridas profundas infligidas à igualdade, à liberdade, à dignidade e ao respeito humanos pela escravidão e suas consequências.

Nossa nobre Declaração tampouco pretendeu incluir o povo que, por milhares de anos, havia habitado as terras que os europeus colonizaram e passaram a ocupar. Todos estamos familiarizados com a história de como os colonos negaram moradia, terras, espaço, liberdade, dignidade e humanidade a esses povos anteriores da América, cujos descendentes até hoje continuam a sofrer os efeitos do tratamento que receberam ao longo de vários séculos, quando suas mais elementares reivindicações de *status* jurídico, econômico e político — para não dizer social — como seres humanos iguais foram rejeitadas, muitas vezes mediante a violência; mais recentemente, esse longo período foi seguido pelo descaso e pela indiferença.

E tudo isso num país que visitantes vindos da Europa, como Aléxis de Tocqueville, retrataram (corretamente, a meu ver) como um local que exibia uma paixão mais intensa pela igualdade do que eles jamais haviam observado noutros lugares.

No entanto, apesar do fato de, ao longo da história humana, a igualdade ter sido frequentemente negada na prática, muitas reivindicações de igualdade, no correr dos últimos vários séculos, inclusive de igualdade política, passaram a ser muito mais solidamente reforçadas por instituições, práticas e comportamentos. Embora esse monumental movimento histórico em direção à igualdade seja mundial, em alguns aspectos, ele se mostrou mais conspícuo em nações democráticas como a Grã-Bretanha, a França, os Estados Unidos, os países escandinavos, a Holanda e outros.

Nas páginas iniciais do primeiro volume de *A democracia na América*, Tocqueville assinalou o inexorável aumento da igualdade de condições entre seus compatriotas franceses, "a intervalos de cinquenta anos, a contar do século XI". E essa revolução não vinha ocorrendo apenas em seu país: "Para onde quer que voltemos os olhos", escreveu ele, "percebemos a mesma revolução contínua por todo o universo cristão". E prosseguiu dizendo:

> O desenvolvimento paulatino da igualdade de condições é [...] uma realidade providencial, e possui todas as características de um decreto divino: é universal, é duradouro, escapa dia a dia a toda interferência humana, e todos os acontecimentos, assim como todos os homens, contribuem para ele.[125]

Talvez nos caiba admitir em Tocqueville certa dose de hipérbole nessa passagem. Talvez também nos convenha assinalar que, em seu segundo volume, que publicou anos depois, ele se mostrou mais inquieto com aquilo que viu como algumas consequências indesejáveis da democracia e da igualdade. Voltarei dentro em pouco a suas apreensões. Ainda assim, Tocqueville não duvidou de que o avanço contínuo da democracia e da igualdade era inevitável. E, se hoje olharmos para trás e examinarmos as mudanças ocorridas desde aqueles tempos, é bem possível que, tal como Tocqueville em sua época, fiquemos admirados com o tanto que as ideias e práticas que respeitam e promovem a igualdade política avançaram, numa enorme parte do mundo — como também ocorreu, por falar nisto, com alguns aspectos de uma igualdade humana mais ampla.

Quanto à igualdade política, consideremos a incrível disseminação de ideias, instituições e práticas democráticas ocorrida ao longo do século que acabou de se encerrar. Em 1900, 48 países eram nações plena ou moderadamente independentes. Entre eles, apenas oito possuíam todas as demais instituições básicas da democracia representativa, e em somente um deles, a Nova Zelândia, as mulheres haviam conquistado o direito de voto. Além disso, esses oito países abrigavam não mais que 10-12% da população mundial. Neste início do século atual, entre cerca de 190 países, as instituições e práticas políticas da moderna

---

[125] *Democracy in America*, op. cit., v. 1, p. lxxxi.

democracia representativa, incluindo o sufrágio universal, existem em aproximadamente 85, em níveis comparáveis aos da Grã-Bretanha, da Europa Ocidental e dos Estados Unidos. Esses países abrigam quase cinco em cada 10 habitantes do planeta, na atualidade.[126]

Na Grã-Bretanha, a classe trabalhadora e as mulheres *efetivamente* obtiveram o direito de voto, e mais até. Homens e mulheres provenientes da classe média, da baixa classe média e do proletariado ganharam acesso não apenas à Câmara dos Comuns e seus diversos órgãos, mas também ao gabinete ministerial e até ao cargo de primeiro-ministro. E, afinal, os pares hereditários da Câmara dos Lordes foram finalmente despachados — bem, pelo menos a maioria deles. Também nos Estados Unidos as mulheres conquistaram o direito de voto. A Lei dos Direitos de Voto aprovada em 1965, que protegia o direito de voto dos afro-americanos, de fato se tornou lei, de fato foi implementada, e os afro-americanos tornaram-se uma força expressiva na vida política norte-americana. Eu gostaria de poder dizer que a situação miserável de inúmeros indígenas americanos sofreu uma enorme alteração para melhor, mas esse triste legado da injustiça humana permanece entre nós.

Embora devamos admitir falhas persistentes e obstáculos contínuos, se supusermos que as convicções sobre a igualdade são contendoras irremediavelmente anêmicas na luta contra as forças poderosas que geram desigualdades, não teremos como explicar as imensas conquistas obtidas na igualdade humana durante os últimos dois séculos.

COMO SURGE A MAIOR IGUALDADE POLÍTICA?

Diante de tantos obstáculos, como é que uma igualdade maior — ou, melhor dizendo, a redução de algumas desigualdades — vem a

---

[126] Extraí estas estimativas de KARATNYCKY, Adrian. The 1999 Freedom House survey: a century of progress. *Journal of Democracy*, v. 11, n 1, p. 187-200, jan. 2000; de DAHL, Robert A. *Democracy and its critics*. New Haven: Yale University Press, 1989. tabela 17.2, p. 240; e de VANHANEN, Tatu. *The emergence of democracy*: a comparative study of 119 states, 1850-1879. Helsinque: Academia Finlandesa de Ciências e Letras, 1984. Tabela 22, p. 120.

ocorrer em algum momento? Embora nenhum resumo sucinto possa fazer justiça a uma explicação das variações e complexidades históricas no processo pelo qual se dão as mudanças em direção à igualdade — e, neste ponto, tenho em mente sobretudo a igualdade política —, é provável que um resumo dos elementos mais importantes dissesse mais ou menos o seguinte:

Apesar dos ardorosos esforços empreendidos pelas elites privilegiadas para promover concepções destinadas a conferir legitimidade a seu poder e sua posição superiores, paralelamente à sua convicção inquestionável da correção de suas prerrogativas (pensemos nos federalistas!), muitos integrantes dos grupos subalternos duvidam que a posição inferior que lhes é atribuída por seus autoproclamados superiores seja realmente justificada. De modo bastante convincente, James Scott mostrou que as pessoas que foram relegadas a uma condição subalterna, pela história, pela estrutura e pelos sistemas de crenças da elite, têm muito menos probabilidade de se deixarem enganar pela ideologia dominante do que tendem a supor os membros das camadas superiores.[127] Dada a rejeição franca ou oculta da ideologia da elite por membros dos grupos subordinados, uma mudança das condições, seja nas ideias, nas crenças, nas gerações, nas estruturas, nos recursos, ou seja lá no que for, começa a oferecer aos grupos subordinados novas oportunidades de externar suas insatisfações. E, dadas essas novas oportunidades, e movidos pela raiva, pelo ressentimento, por um sentimento de injustiça, por uma perspectiva de maiores oportunidades individuais ou grupais, por lealdade ao grupo ou por outras motivações, alguns membros dos grupos subalternos começam a pressionar por mudanças, usando todo e qualquer meio disponível. Alguns membros do grupo dominante começam a apoiar as reivindicações das camadas subordinadas. Integrantes privilegiados

---

[127] Como um dos exemplos, ele escreve que "há entre os intocáveis da Índia provas convincentes de que as doutrinas hindus que legitimariam a dominação das castas são negadas, reinterpretadas ou ignoradas. As castas registradas tendem muito menos que os brâmanes a crer que a doutrina do carma explique sua posição atual; em vez disso, atribuem seu *status* à pobreza e a um ato mítico original de injustiça". SCOTT, James. *Domination and the arts of resistance.* New Haven: Yale University Press, 1990. p. 117.

desse grupo aliam-se a pessoas de fora. Podem fazê-lo por uma variedade de razões: por convicções morais, compaixão, oportunismo, medo das consequências de distúrbios, medo dos riscos para a propriedade e a legitimidade do regime, em decorrência do sentimento crescente de insatisfação, e até pela possibilidade real ou imaginária de uma revolução.[128]

E, assim, ocorre uma mudança sísmica: extensão do direito de voto, proteção legal aos direitos fundamentais, concorrência política de líderes de grupos até então subordinados, eleição para cargos públicos, modificações na lei e nas políticas de governo, e assim por diante. Nos Estados Unidos, aprovaram-se leis de direitos civis em 1957, 1960 e — a mais crucial de todas —1965. E, o que é mais importante, elas foram implementadas. Os afro-americanos começaram a aproveitar as oportunidades de votar — e, entre outras coisas, logo expulsaram os agentes policiais que haviam imposto violentamente sua subordinação. Na Índia, as castas registradas começaram a votar em grande número em líderes e partidos extraídos de suas próprias camadas sociais, e fiéis ao compromisso de reduzir a discriminação contra elas. Embora as mudanças em direção à igualdade possam ser e, tipicamente, sejam progressivas, uma série de mudanças progressivas pode equivaler, com o tempo, a uma revolução.

Por meio de tais processos, portanto, obteve-se certa medida de igualdade política e democracia em alguns países, a despeito dos obstáculos imensos e persistentes à igualdade humana.

---

[128] O falecido Joseph Hamburger mostrou que, para garantir a expansão do sufrágio (e, em última análise, a aprovação de Lei da Reforma de 1832), James Mill, embora se opusesse ao uso da violência como meio, buscou deliberadamente criar o medo da revolução entre os membros da oligarquia. "Visto que Mill desejava realizar reformas fundamentais sem violência, tornou-se necessário conceber meios de levar a oligarquia a fazer concessões por interesse próprio. [...] [H]avia apenas duas alternativas: '[O povo] só pode obter qualquer melhora considerável em seu governo por meio da resistência, empregando a força física contra seus governantes, ou, pelo menos, através de ameaças com tanta probabilidade de serem acompanhadas pela ação que possam levar os governantes a aquiescer por medo'. Uma vez que o uso da força física devia ser evitado, Mill depositou suas esperanças na segunda alternativa. [...] Mill estava propondo que se ameaçasse uma revolução. Presumiu que a ameaça seria suficiente e que não seria necessário cumpri-la na prática." HAMBURGER, Joseph. *James Mill and the art of revolution*. New Haven: Yale University Press, 1963. p. 23-24.

A IGUALDADE POLÍTICA É UMA META JUSTIFICÁVEL?

Entretanto, ainda que seja possível alcançar um grau maior de igualdade política e democracia, serão essas metas efetivamente *desejáveis*? E mais, serão elas tão desejáveis que devamos subordinar a constituição de um país democrático — em particular, a dos Estados Unidos — à consecução desses objetivos?

O caráter desejável da igualdade política e, portanto, da democracia decorre, a meu ver, de dois juízos fundamentais. Um é moral, o outro, de ordem prática.

O juízo moral afirma que todos os seres humanos têm igual valor intrínseco; que pessoa alguma tem um valor intrinsecamente superior ao de outra; e que o bem ou os interesses de cada pessoa devem receber igual consideração.[129] Permitam-me dar a isto o nome de *presunção de igualdade intrínseca*.

Contudo, ao aceitarmos esse juízo moral, surge de imediato uma questão profundamente perturbadora: quem ou qual grupo tem melhores qualificações para decidir quais são, realmente, o bem ou os interesses de uma pessoa? A resposta variará, é claro, dependendo da situação, dos tipos de decisões e das pessoas envolvidas. Mas, se restringirmos nosso foco ao governo de um Estado, parece-me que a suposição mais segura e mais prudente será algo assim: entre os adultos, ninguém é tão mais qualificado que os outros para governar que se deva confiar-lhe a autoridade completa e definitiva sobre o governo do Estado.[130]

Ainda que, de forma razoável, possamos acrescentar aprimoramentos e ressalvas a esse juízo prudente, tenho dificuldade de imaginar como se poderia defender uma proposta significativamente diferente, sobretudo se nos pautarmos por casos históricos cruciais

---

[129] Ofereço uma exposição mais completa em *Democracy and Its critics*, op. cit., p. 84 ss. Naquele e noutros textos, recorri a BENN, Stanley I. Egalitarianism and the equal consideration of interests. In: PENNOCK, J. R.; CHAPMAN, J. W. *Equality (nomos IX)*. Nova York: Atherton, 1967. p. 61-78.

[130] Esta suposição foi mais integralmente desenvolvida em *Democracy and its critics*, op. cit., p. 105 ss, e reiterada numa formulação mais sucinta em *On democracy*. New Haven: Yale University Press, 1998. p. 74 ss.

em que se negou a igualdade de cidadania a um número substancial de pessoas. Será que, nos dias atuais, alguém realmente acredita que, quando as classes trabalhadoras, as mulheres e as minorias raciais e étnicas eram excluídas da participação política, seus interesses estavam sendo adequadamente considerados e protegidos por aqueles que detinham o privilégio de governá-las?

A igualdade política ameaça a liberdade?

Como muitos objetivos desejáveis, a igualdade política pode entrar em conflito com outras metas, fins e valores importantes — e de fato prejudicá-los. Assim, não deveria nossa busca de igualdade política ser temperada por nosso desejo justificável de alcançar essas e outras metas?

Diz-se com frequência que a igualdade se choca com a liberdade e os direitos fundamentais. Como muitos outros, Tocqueville parece haver acreditado que era assim.

Todavia, antes de me voltar para suas observações, não posso abrir mão de acrescentar que fico admirado com uma afirmação constante, a respeito do suposto conflito entre liberdade e igualdade, que não faz qualquer menção ao que me pareceria ser um requisito absolutamente essencial de qualquer discussão sensata sobre a relação entre as duas. Sempre que falamos em liberdade, autonomia ou direitos, acaso não somos obrigados a responder a uma pergunta — liberdade ou direitos para quem? Ao falarmos de autonomia, liberdade ou direitos, parece-me essencial irmos além de responder à pergunta "Qual liberdade ou direito?". A resposta a essa pergunta apenas especifica o *campo* da liberdade. Mas somos também obrigados a responder a outra pergunta: "Liberdade *para quem*?".[131]

---

[131] Para uma excelente análise, ver: SEN, Amartya. *Inequality reexamined*. Cambridge, Massachusetts: Harvard University Press, 1992. "Os libertários", escreve ele, "devem julgar importante que as pessoas tenham liberdade. Dada esta visão, imediatamente surgiriam questões a respeito de *quem, quanta, distribuída de que maneira, com que grau de igualdade*. Portanto, a questão da igualdade surge de imediato como complemento da afirmação da importância da liberdade" (p. 22).

Guardando em mente essa pergunta, permitam-me retornar a Tocqueville. A visão dele, se o compreendo corretamente, era mais ou menos esta: a igualdade de situação num povo ajuda a possibilitar a democracia, talvez até a torná-la inevitável. Mas a própria igualdade de situação que viabiliza a democracia também traz perigos para a liberdade. Permitam-me parafrasear Tocqueville:

> Uma vez que a própria essência do governo democrático é a soberania absoluta da maioria, à qual nada nos Estados democráticos é capaz de resistir, a maioria tem, necessariamente, o poder de oprimir a minoria. Assim como um homem dotado de poder absoluto pode fazer mau uso deste, o mesmo sucede com as maiorias. Dada a igualdade de situação entre os cidadãos, podemos esperar que emerja nos países democráticos uma espécie inteiramente nova de opressão. Entre cidadãos que são todos equiparados e semelhantes, o poder supremo, o governo democrático, agindo em resposta à vontade da maioria, criará uma sociedade com uma rede de pequenas regras complicadas, uniformes e cheias de minudências, às quais ninguém poderá escapar. Em última análise, portanto, os cidadãos de um país democrático ficarão reduzidos a nada além de um rebanho de animais tímidos e industriosos cujo pastor será o governo.[132]

Se fiz um resumo razoável de Tocqueville, como devemos interpretar sua previsão, à luz dos desdobramentos posteriores? Afinal, temos a vantagem — da qual ele não dispunha — de dois séculos de experiência com instituições democráticas modernas. Alguns leitores interpretaram essas passagens de Tocqueville como um prenúncio das sociedades de massa, enquanto, para outros, ele esperava que a democracia de massa viesse a ser a semente dos sistemas autoritários e totalitários do século XX. Todavia, se lermos as mesmas passagens como uma previsão de como os países democráticos tenderiam a evoluir, creio ser fatal concluirmos que Tocqueville estava apenas redonda-

---

[132] Estas frases são uma paráfrase bem próxima das afirmações de Tocqueville no v. 1, p. 298 e 304, e v. 2, p. 380-381.

mente enganado. Quando examinamos o curso do desenvolvimento democrático nos últimos dois séculos, e particularmente no século que acabou de se encerrar, o que encontramos é um padrão de desenvolvimento democrático que contradiz totalmente essa previsão. Ao contrário, constatamos que, à medida que as instituições democráticas ganham raízes mais profundas num país, o mesmo ocorre com os direitos políticos fundamentais, as liberdades e as oportunidades. À medida que o governo democrático amadurece num país, a probabilidade de que ele dê margem a um regime autoritário aproxima-se do zero. A democracia, como todos sabemos, pode descambar na ditadura. Mas esses desmoronamentos são extraordinariamente raros nas democracias maduras; ao contrário, ocorrem em países que enfrentam tempos de grande crise e tensão, quando suas instituições democráticas são relativamente novas. A crise parece ser inevitável na vida de todos os países. Até as nações democráticas maduras tiveram de enfrentar guerras, depressões econômicas, desemprego em larga escala, terrorismo e outros desafios. Mas não se desintegraram em regimes autoritários.

No século XX, em aproximadamente 70 ocasiões, as democracias deram lugar a regimes antidemocráticos. Todavia, com pouquíssimas exceções, essas rupturas ocorreram em países em que as instituições democráticas eram muito novas — com menos de uma geração de idade. Com efeito, o único caso claro de ruptura da democracia, num país em que fazia 20 anos ou mais que existiam instituições democráticas, parece ter sido o do Uruguai, em 1973. No mesmo ano, o Chile proporcionou um exemplo menos claro, por causa de restrições ao sufrágio que só tinham sido suspensas em época recente. A República de Weimar tinha menos de 14 anos de existência quando foi tomada pelos nazistas. Em todos os três países, o caminho para o colapso não teve qualquer relação com o cenário tocquevilliano.

E esse cenário, ao que saibamos, também não é confirmado pelas democracias mais antigas ou mais maduras. Como indiquei no capítulo anterior, podemos encontrar entre esses países algumas pequenas variações na proteção aos direitos fundamentais, porém todos mantêm esses direitos bem acima do limiar necessário à democracia. Será que os direitos e liberdades fundamentais dos cidadãos sofreram um estreitamento contínuo ou se tornaram menos seguros no último meio século? Não vejo como se possa sustentar a sério uma resposta afirmativa a essa pergunta. Por mais que eu o admire, Tocqueville, nessa questão, tal como os Autores, não foi capaz de prever o futuro do governo democrático.

Longe de ser uma ameaça aos direitos e liberdades fundamentais, a igualdade política os exige como âncoras das instituições democráticas. Para vermos por que é assim, permitam-me novamente entender a democracia, ao menos idealmente, como um sistema político destinado a cidadãos de um Estado que se disponham a tratar uns aos outros, para fins políticos, como iguais *políticos*. Os cidadãos podem ver-se como desiguais em outros aspectos. Aliás, é quase certo que o façam. Mas, se eles presumirem que todos possuem direitos iguais de participar, direta ou indiretamente, por meio de seus representantes eleitos, da formulação de políticas, normas, leis ou outras decisões que os cidadãos sejam solicitados (ou obrigados) a obedecer, então, idealmente, o governo de seu Estado terá que satisfazer diversos critérios.

Permitam-me listá-los, sem maior amplificação. Para ser plenamente democrático, o Estado teria de fornecer: *direitos, liberdades e oportunidades* de participação efetiva; igualdade de voto; possibilidade de se adquirir uma compreensão suficiente das medidas políticas e suas consequências; e meios pelos quais o corpo de cidadãos pudesse manter um controle adequado da agenda de políticas e decisões de governo. Por fim, tal como agora entendemos o ideal, o Estado, para ser *plenamente* democrático, teria de garantir que todos ou a maioria dos residentes adultos permanentes de sua jurisdição possuíssem direitos de cidadania.

Como sabemos, o ideal democrático que acabo de descrever é exigente demais para ser alcançado no mundo real da sociedade humana. Para realizá-lo tanto quanto possível, nas condições imperfeitas da vida real, seriam necessárias algumas instituições políticas de governo do Estado. Além disso, desde o século XVIII, tais instituições tiveram de ser apropriadas para governar Estados que abarcam grandes territórios, como países inteiros.

Não há necessidade de descrever aqui as instituições políticas básicas de um moderno país democrático, mas deve ficar patente que, tal como no ideal, também na prática real o governo democrático pressupõe que seus cidadãos possuam um corpo de *direitos, liberdades e oportunidades* fundamentais. Entre estes se incluem: o direito de votar na escolha das autoridades, em eleições livres e imparciais; o direito de concorrer a cargos eletivos; o direito à liberdade de expressão; o direito de formar e participar de organizações políticas independentes; o direito de acesso a fontes independentes de informação; e o direito às demais liberdades e oportunidades que possam ser necessárias à operação eficiente das instituições políticas da democracia em larga escala.

Portanto, como conjunto ideal e como conjunto real de instituições políticas, a democracia é, necessariamente, um sistema de direitos, liberdades e oportunidades. Estes não são exigidos meramente por definição. São exigidos para que um sistema democrático de governo exista na vida real. Se considerarmos esses direitos, liberdades e oportunidades políticos como fundamentais em algum sentido, a democracia, tanto em tese quanto na prática, não entrará em conflito com a liberdade. Ao contrário, as instituições democráticas são necessárias à existência de alguns de nossos direitos e oportunidades mais fundamentais. Quando essas instituições políticas, inclusive os direitos, liberdades e oportunidades que elas encarnam, não existem num dado país, tal país, nessa medida, não é democrático. Quando elas desaparecem, como aconteceu na Alemanha de Weimar, no Uruguai e no Chile, a democracia desaparece; e quando a democracia desaparece, como sucedeu nesses países, desaparecem também os direitos, liberdades e oportunidades fundamentais. Do mesmo modo, quando a democracia ressurgiu nesses três países, reapareceram também, necessariamente, os citados direitos, liberdades e oportunidades fundamentais. A ligação, portanto, não é acidental em nenhum sentido. É inerente.

Os vínculos entre a igualdade política e a democracia, de um lado, e os direitos, liberdades e oportunidades fundamentais, de outro, são ainda mais profundos. Para que um país mantenha suas instituições democráticas por meio de suas crises inevitáveis, ele precisa de um conjunto de normas, crenças e hábitos que respaldem as instituições nos bons e nos maus tempos — precisa de uma cultura democrática transmitida de geração em geração. Mas é improvável que uma cultura democrática tenha limites nitidamente definidos. A cultura democrática não respalda apenas direitos, liberdades e oportunidades fundamentais exigidos pelas instituições democráticas. As pessoas que compartilham uma cultura democrática também endossam e apoiam, creio que inevitavelmente, uma esfera ainda maior de direitos, liberdades e oportunidades. A história dos séculos recentes demonstra, com certeza, que é precisamente nos países democráticos que vicejam as liberdades.

—

Se acreditamos que todos os seres humanos são criados iguais, que são dotados de certos direitos inalienáveis, entre os quais estão a vida, a liberdade e a busca da felicidade, e que, para assegurar esses direitos, instituem-se em meio ao povo governos que derivam seus justos poderes do consentimento dos governados, somos obrigados a apoiar o objetivo da igualdade política.

A igualdade política exige instituições políticas democráticas.

O suposto conflito entre liberdade e igualdade política é falso, primeiro porque uma parte inerente das instituições políticas democráticas é um conjunto substancial de direitos, liberdades e oportunidades fundamentais, e segundo porque é quase certo que um povo comprometido com a democracia e com suas instituições políticas expanda a esfera dos direitos, liberdades e oportunidades fundamentais muito além dos estritamente necessários à democracia e à igualdade política.

Num povo comprometido com a democracia e a igualdade política, uma constituição deve servir a esses fins, ajudando a manter instituições políticas que promovam a igualdade política entre os cidadãos, bem como todos os direitos, liberdades e oportunidades necessários, que são essenciais à existência da igualdade política e de governos democráticos.

Capítulo 7

ALGUMAS REFLEXÕES SOBRE AS PERSPECTIVAS DE UMA CONSTITUIÇÃO MAIS DEMOCRÁTICA

NUMA PESQUISA DE 1987, que revelou entre os norte-americanos um forte apoio à Constituição como um todo, os resultados de uma indagação se destacam. Quando se perguntou aos pesquisados "Quão bem tem-se saído [o sistema de governo estabelecido pela Constituição] na tarefa de tratar todas as pessoas com igualdade?", 51% responderam que ele se saía mal, 8% não declararam sua opinião e uma minoria de 41% disse que o sistema de governo fazia um bom trabalho.[133]

Se quisermos desfrutar de um sistema de governo que se saia melhor na igualdade do tratamento concedido às pessoas — pelo menos em seu papel de cidadãos democráticos —, o que podemos fazer? Como afirmei no começo do capítulo 1, meu propósito nestes ensaios não é oferecer um conjunto de propostas específicas de mudanças na Constituição, mas, antes, incentivar uma mu-

---

[133] CBS News/*New York Times*, pesquisa telefônica realizada com 1.254 adultos, maio de 1987, pergunta 53.

dança em nossa maneira de *pensar* em nossa carta magna. E como poderíamos começar a pensar em mudá-la, realisticamente? Quais seriam as possibilidades efetivamente abertas a um conjunto de Autores, nos primeiros anos do século XXI? Com que limites da faixa de possibilidades eles deveriam ter a expectativa de se confrontar?

O PAPEL LIMITADO DE UMA CONSTITUIÇÃO

Para começar, conviria aos reformadores constitucionais de amanhã reconhecer que, independentemente do que preceitue no papel, uma carta magna só consegue atingir uma gama limitada de objetivos. Por exemplo, como assinalei no capítulo 5, nenhuma constituição pode garantir a democracia num país em que não existam condições favoráveis a ela. Preservar e aperfeiçoar essas condições favoráveis realizaria muito mais, na consecução de uma ordem mais democrática, do que quaisquer mudanças introduzidas na constituição.

Os Autores de 1787 estavam bem cônscios de seus limites. Um dos traços marcantes da carta magna que eles redigiram é sua admirável concisão. Dependendo do estilo tipográfico com que seja imprimido, o texto escrito soma 15 a 20 páginas, acrescidas de outras cinco a sete de emendas. O que permitiu à Constituição escrita atingir essa concisão foi seu foco quase exclusivo em apenas três assuntos: *estruturas, poderes* e *direitos*.

A maior parte da Constituição é dedicada aos dois primeiros temas — as estruturas e os poderes alocados nelas. As disposições referentes ao terceiro tema, os direitos, encontram-se principalmente na Declaração de Direitos e em emendas posteriores. Uma característica importante desses direitos constitucionais é que eles são quase inteiramente garantidos pela imposição de *limites* constitucionais ao governo. A carta magna faz a pressuposição tácita de que os próprios cidadãos, de algum modo, disporão das oportunidades e recursos necessários para agir em defesa de seus direitos. Voltarei dentro em pouco a essa presunção.

ESTRUTURAS CONSTITUCIONAIS

Deixem-me dizer algumas palavras sobre as estruturas. Inclino-me a acreditar que três elementos estruturais do nosso sistema constitucional, e possivelmente quatro, não são, falando em termos realistas, acessíveis a mudanças num futuro previsível.

Federalismo. Um desses elementos é nosso sistema federativo. Assim como os Autores sabiam que não podiam abolir os estados, provavelmente os reformadores constitucionais de hoje deveriam presumir que os estados continuarão — e, a meu juízo, devem continuar — a ser unidades fundamentais de um governo federativo, dotadas de poderes significativos. Como se constatou durante dois séculos, a questão de como é dividido o poder entre o governo federal e os governos estaduais permanecerá como objeto de disputas intermináveis. Mas não creio que os Autores constitucionais de hoje quisessem ou devessem tentar dissolver os estados existentes.

Presidencialismo. Um segundo limite da reforma constitucional, creio, é nosso sistema presidencialista. Talvez possamos alterá-lo um pouco pelas bordas, mediante emendas ou práticas modificadas, mas me parece que a opção de um sistema parlamentarista simplesmente não atrairia a maioria dos norte-americanos. Nós nos investimos tão profundamente nos aspectos míticos da presidência que, a não ser por uma ruptura constitucional, que não prevejo e certamente não desejo, não consideraríamos seriamente modificá-la. Para o bem ou para o mal, nós, norte-americanos, estamos atados a um sistema presidencialista.

Desigualdade de representação. O outro elemento que receio que nossos reformadores constitucionais seriam incapazes de modificar é a enorme desigualdade de representação resultante da alocação fixa de dois senadores a cada estado, independentemente de sua população. Permitam-me lembrar-lhes mais uma vez que a Seção 3 do Artigo 1 reza: "O Senado dos Estados Unidos será composto de dois senadores de cada estado, escolhidos para um período de seis anos, e cada senador terá um voto". Uma emenda constitucional para modificar essa cláusula enfrentaria dois obstáculos intimidantes. O primeiro deles torna sumamente improvável que qualquer emenda constitucional para alterar a composição do Senado venha a ser adotada. O segundo torna-a praticamente impossível. Primeiro, nos termos do Artigo V da carta magna, como vocês hão de estar lembrados, só é possível propor emendas com *dois terços* dos votos das duas casas do Congresso, ou por uma convenção apoiada por *dois terços* das assembleias legislativas estaduais; e as emendas só podem ser adotadas após a ratificação das assembleias legislativas ou de convenções em *três quartos* dos estados. Não posso deixar de pensar que pelo menos 13 dos estados menos populosos exerceriam seu veto para impedir a adoção de qualquer emenda que reduzisse sua influência no Senado. Contudo, na eventualidade altamente improvável de que tal emenda conseguisse, de algum modo, superar esse obstáculo portentoso, a segunda barreira promete ser totalmente inexpugnável. "Nenhum estado, sem o seu próprio consentimento", conclui o Artigo V da Constituição, "poderá ser privado de sua igualdade de sufrágio no Senado."

Com efeito, essas 17 palavras põem fim a qualquer possibilidade de emendar a carta magna a fim de reduzir a desigualdade de representação dos cidadãos no Senado. Por isso, ao que parece, estamos fadados a ficar indefinidamente atrelados a um grau maior de desigualdade de representação na câmara alta do que o existente em qualquer das outras democracias estabelecidas.

Se é correto o que digo a respeito desses três elementos fixos — federalismo, presidencialismo e desigualdade de representação no Senado —, eles, por sua vez, parecem tender a impor outros limites ao que podem realizar os Autores de hoje.

O colégio eleitoral. Por exemplo, o que podemos fazer quanto à mudança do colégio eleitoral? No capítulo 4, mostrei que a desigualdade de representação no Senado se reproduz, embora um tanto enfraquecida, no colégio eleitoral. Ela volta a entrar em ação ao diminuir as probabilidades de que se possam redigir emendas à Constituição para substituir o colégio eleitoral por um sistema de eleição popular. Consequentemente, como sugeri, a relativa desejabilidade das três possíveis soluções para o problema da desigualdade de representação no colégio eleitoral é inversamente proporcional à probabilidade de que elas sejam implementadas.

Consensual, majoritário, ou nenhum dos dois? Já expressei certa simpatia por um sistema consensual, como alternativa ao sistema majoritário. Os Estados Unidos, sugeri, não são uma coisa nem outra. São um sistema híbrido, que poderia muito bem ter os vícios de ambos sem as virtudes de qualquer dos dois.

O fato de, em grande parte do tempo, nossos líderes políticos conseguirem evitar um impasse completo e fazerem o sistema funcionar — razoavelmente — é testemunho, a meu ver, de suas excepcionais habilidades políticas, que tendem a ser vastamente subestimadas nos meios de comunicação e entre os cidadãos comuns. Também sugeri que as necessárias manobras políticas, os inevitáveis acordos de bastidores e a inevitável defasagem entre a retórica pública e as concessões recíprocas entre os que estão no exercício do poder resultam num sistema político tão opaco e tão destoante das concepções gerais da virtude pública, que enfraquece a compreensão cívica e a confiança dos cidadãos em nossas instituições políticas.

Se é improvável que modifiquemos nosso sistema presidencialista ou nossa representação gravemente desigual no Senado, é também muito difícil pôr em prática opções constitucionais que, de outro modo, poderiam e deveriam ser seriamente consideradas. Em particular, não estou inteiramente certo de que possamos redesenhar nosso atual sistema híbrido para que ele facilite um consenso maior ou um majoritarismo mais sólido.

Nenhuma das duas alternativas pode existir sem uma cultura política apropriada. No entanto, um sistema concebido para ser consensual traria em si um grave perigo, se não fosse solidamente implantado numa cultura política que promovesse a concordância. Sem a cultura política apropriada, um projeto de constituição destinado a um sistema consensual permitiria que uma minoria vetasse qualquer mudança da situação vigente que ameaçasse seus privilégios, como fizeram os estados do Sul antes da Guerra da Secessão. Ou, então, uma minoria regionalmente privilegiada poderia extorquir concessões da maioria, mediante a ameaça de usar seu veto, como fizeram os estados sulistas ao obrigarem o resto do país a desistir dos esforços de proteger os direitos civis dos afro-americanos depois da citada Guerra da Secessão.

Tendo a crer que nossa cultura política — ao contrário, digamos, das da Suécia, Suíça ou Holanda — impediria que um projeto consensual transformasse em realidade seus benefícios potenciais.

O medo correspondente de um sistema estritamente majoritário consiste em que ele poderia não proporcionar aos líderes da maioria incentivos suficientes para eles buscarem um consenso maior, antes de invocarem seu poder como maioria. Não estou levantando a questão de liberdade *versus* igualdade política, que já discuti anteriormente. Ainda que os líderes da maioria mantivessem o mais completo respeito pelos direitos democráticos das minorias, poderiam não ver muita razão para explorar opções que obtivessem uma faixa mais ampla de concordância e apoio do que a necessária para eles aprovarem uma lei ou uma medida política pelo voto majoritário.

A solução ideal, ao que me parece, seria um sistema político que fornecesse fortes incentivos aos líderes políticos para buscarem o mais amplo acordo viável, antes de adotarem uma lei ou uma medida política, mas permitindo que a decisão fosse tomada, se necessário, pelo voto da maioria — sempre, é claro, dentro dos limites estabelecidos pela necessidade de conservar os direitos democráticos fundamentais. Maioria alguma deve ter o direito moral ou constitucional de barrar as decisões de futuras maiorias.

Mais uma vez, receio que essa solução ideal não esteja ao nosso alcance, enquanto a representação gravemente desigual no Senado permitir que algumas minorias geográficas bloqueiem as decisões de representantes eleitos por uma maioria de seus concidadãos. Por causa desse veto da minoria, a busca do consenso poderia facilmente transformar-se no que descreveríamos, em termos ríspidos, como extorsão e chantagem por uma minoria de senadores.

Embora talvez seja impossível mudar essa regra da maioria, as normas do Senado que agravam ainda mais o poder das minorias privilegiadas talvez fossem passíveis de mudanças, como decididamente deveriam ser, na minha opinião. Por exemplo, é duvidoso que nossa política inútil e contraproducente contra Cuba houvesse permanecido em vigor por tanto tempo, não fosse a possibilidade de um punhado de senadores norte-americanos extorquirem do Congresso e do presidente as medidas políticas que prefeririam, em troca de seu apoio noutras questões.

E assim, chegamos a esta triste conclusão: os Autores de 1787 parecem haver restringido os Autores de hoje a um sistema que não é consensual nem majoritário, e sim um híbrido que possui os vícios de ambos e não tem as virtudes de nenhum.

Custos ocultos e incertezas. A dificuldade de transformar uma cultura política estabelecida desde longa data numa cultura apropriada a uma estrutura constitucional nova e diferente — mais consensual, digamos, ou mais majoritária — ilustra um problema adicional. As grandes mudanças constitucionais envolvem grandes custos ocultos e uma enorme incerteza. Os custos ocultos decorrem da necessidade de abandonar hábitos, práticas, convicções e compreensões familiares, que existem nas elites políticas e também se acham entranhados na cultura popular. Criar uma cultura política apropriada pode estar quase tão além das possibilidades dos Autores constitucionais de hoje quanto esteve dos Autores de 1787. E, o que é mais importante, ainda que nosso conhecimento das consequências prováveis de estruturas constitucionais alternativas seja incomensuravelmente maior que o dos Autores, após dois séculos de experiência com diferentes constituições democráticas, prever o resultado de grandes mudanças continua repleto de incertezas consideráveis.

PODERES

Será que os poderes constitucionais dos estados, do governo federal e dos três ramos principais do governo federal são apropriados para nossas necessidades e valores democráticos de hoje? Uma tentativa de responder a essa pergunta assustadora ultrapassaria a tal ponto os limites que tenho aqui, que não farei mais do que chamar a atenção para sua relevância e importância.

DIREITOS

Tal como os poderes, o tema dos direitos é tão vasto, que não posso fazer mais do que esboçar uma visão que me parece útil para aquilatar os direitos fundamentais no contexto da constituição de um país democrático.

Uma visão-padrão na jurisprudência é que os direitos implicam deveres: para que um direito seja efetivamente exercido, as autoridades do governo e outros devem assumir o dever de protegê-lo contra as pessoas que o queiram violar. Uma suposição menos comum, mas presente por implicação, é que os direitos também implicam oportunidades: seu *direito* de voto não fará sentido se vocês de fato não tiverem a *oportunidade* de votar. O mesmo sucede com a liberdade de expressão. O que significaria o direito à liberdade de expressão, a seu ver, se vocês não tivessem a oportunidade de se manifestar livremente?

Quero agora acrescentar um quarto elemento à nossa discussão. Aos direitos, deveres e oportunidades eu acrescentaria os *recursos*.[134] Suponhamos, por exemplo, que as cabines eleitorais fossem instaladas pelas autoridades em locais distantes das casas de muitos cidadãos, e só ficassem abertas por uma hora no meio da manhã; faltariam à maioria dos cidadãos as oportunidades e os recursos necessários para votar. Eles ficariam indignados, assim como vocês e eu.

Para esclarecer melhor o que tenho em mente quando me refiro a recursos, vou convidá-los a contemplar um cenário ficcional.

Vamos dizer que todos sejamos cidadãos de uma cidade da Nova Inglaterra com uma tradicional assembleia de munícipes. Como de praxe, uma proporção modesta dos cidadãos com direito de comparecer efetivamente aparece — digamos, uns 400 ou 500.

Depois de pedir ordem à assembleia, o moderador anuncia:

Estabelecemos as seguintes regras para a discussão desta noite. Depois de propriamente apresentada e apoiada uma moção, e no intuito de assegurar a liberdade de expressão com normas justas para todos os presentes, cada pessoa que quiser manifestar-se sobre a moção terá permissão de fazê-lo. Entretanto, para permitir a fala

---

[134] Ver também Amartya Sen, *Inequality reexamined*, op. cit., p. 36-37 e passim. DWORKIN, Ronald. What is equality? Part 2: equality of resources. *Philosophy and Public Affairs*, v. 10, 1981.

do maior número possível de participantes, ninguém poderá falar por mais de dois minutos.

Até aí, tudo se acha perfeitamente nos conformes, diriam vocês. Mas nosso moderador prossegue: "Depois que todos os que quiserem falar por dois minutos houverem usado a palavra, cada um de vocês estará livre para continuar a falar, mas sob uma condição. Cada minuto adicional será leiloado para quem der o lance mais alto".

A grita subsequente dos cidadãos reunidos provavelmente poria o moderador e os membros do conselho municipal para correr da câmara — e talvez da cidade.

No entanto, não foi essa, de fato, a decisão do Supremo Tribunal no famoso caso de Buckley *versus* Valeo? Numa votação vencida por sete votos a um, o Tribunal decidiu que a garantia de liberdade de expressão da Primeira Emenda era violada, de forma inadmissível, pelos limites impostos pela Lei Federal de Campanhas Eleitorais aos valores que os candidatos a cargos federais, ou seus simpatizantes, podiam gastar para promover sua eleição.[135] Bem, tivemos oportunidade de ver as consequências estarrecedoras.

O que houve de errado? Os ministros do Supremo não viram os gastos e as contribuições de campanha no contexto de um sistema democrático que derive sua legitimidade dos princípios de igualdade política que descrevi anteriormente. Para exercer os direitos fundamentais a cujo exercício estão aptos os cidadãos de uma ordem democrática — votar, expressar-se, divulgar ideias, protestar, reunir-se e organizar-se, entre outros —, esses cidadãos também devem possuir o mínimo de *recursos* necessários para aproveitar as oportunidades de exercer seus direitos.

O problema de equiparar os recursos com os direitos democráticos não admite respostas fáceis. Tampouco pode ser resolvido meramente por preceitos constitucionais. Mas não há dúvida de que existem falhas profundas numa constituição, se a mais alta corte judiciária do país pode interpretá-la de modo a impor uma barreira intransponível à obtenção de um grau satisfatório de igualdade política entre seus cidadãos.

---

[135] *Buckley v. Valeo*, 424 U.S. 1 (1976).

UM PAPEL DEMOCRÁTICO PARA O SUPREMO TRIBUNAL

Em capítulos anteriores, aludi a um problema que nossos melhores juristas e especialistas no estudo da Constituição têm debatido longamente, mas que ainda permanece entre nós. Nos círculos constitucionais norte-americanos, às vezes ele circula com o nome de "dificuldade contramajoritária".

Exporei essa dificuldade da seguinte maneira: não podemos, ao mesmo tempo, deixar a autoridade para a criação de leis e políticas exclusivamente nas mãos de representantes eleitos — os quais, pelo menos em princípio, prestam contas aos cidadãos por meio das eleições — e conceder ao Poder Judiciário a autoridade efetiva para criar políticas públicas cruciais. Esse dilema nos apresenta uma escolha difícil. Muitos norte-americanos resistem a fazê-la. Mas se, em algum momento, quiséssemos empreender um debate sobre a adequação de nossa carta magna, ao avaliá-la por padrões democráticos, esse problema, que até hoje tem sido discutido principalmente entre juristas, teria que ser aberto ao debate e à discussão populares.

Existe, creio eu, um lugar importante, numa nação democrática, para um supremo tribunal com poderes para examinar a constitucionalidade das leis do Legislativo e do Executivo. Para começar, um sistema federativo necessita de uma corte suprema com poderes para decidir se e quando as autoridades do Estado ultrapassaram seus limites apropriados. Mas essa corte suprema também deve ter autoridade para derrubar leis federais e decretos do Executivo que violem seriamente qualquer dos direitos fundamentais necessários à existência de um sistema político democrático: direitos de livre expressão de opiniões, de reunião, de voto, de formação e participação em organizações políticas, e assim por diante.[136]

Quando a suprema corte age dentro dessa esfera de direitos democráticos fundamentais, a legitimidade de seus atos e seu lugar no sistema democrático de governo dificilmente poderiam ser contes-

---

[136] Para uma extensa argumentação compatível com meus breves comentários, ver: ELY, John Hart. *Democracy and distrust*: a theory of judicial review. Cambridge, Massachusetts: Harvard University Press, 1980.

tados. Entretanto, quanto mais o tribunal se afasta desse campo — que é vastíssimo por si só —, mais duvidosa se torna sua autoridade. É que, nesse ponto, ele se torna um órgão legislativo não eleito. A pretexto de interpretar a Constituição — ou, o que é ainda mais questionável, de adivinhar as intenções obscuras e amiúde incognoscíveis dos Autores —, o Supremo Tribunal promulga leis e políticas importantes que são propriamente da competência dos representantes eleitos.

Mesmo no âmbito dos direitos democráticos fundamentais, as decisões do Supremo Tribunal provocam controvérsias. E as controvérsias tornam-se ainda mais prováveis, na medida em que nosso entendimento dos direitos democráticos certamente continuará a evoluir.

É POSSÍVEL UMA MUDANÇA SIGNIFICATIVA?

Minhas reflexões me conduziram a um moderado pessimismo a respeito das perspectivas de maior democratização da Constituição norte-americana. As mudanças descritas neste capítulo, que seriam desejáveis do ponto de vista democrático, parecem-me ter pouquíssima probabilidade de se tornarem realidade num futuro indefinido. Embora meus juízos sobre probabilidades sejam necessariamente subjetivos, creio que a maioria dos outros estudiosos familiarizados com a vida política norte-americana concordaria.

A probabilidade de reduzirmos a extrema *desigualdade de representação no Senado* é praticamente nula. As chances de alterarmos nosso sistema constitucional para torná-lo *mais claramente consensual, ou mais decididamente majoritário*, também são muito pequenas. É baixíssima a probabilidade de que o Supremo Tribunal se abstenha de legislar sobre políticas públicas, amiúde sumamente partidaristas, e de que se concentre, em vez disso, na proteção dos direitos democráticos fundamentais e nos problemas do federalismo. A combinação de chefe do Executivo com monarca na presidência norte-americana não tende a mudar. Por fim, a probabilidade de ocorrerem mudanças democráticas no colégio eleitoral parece inversamente proporcional à sua desejabilidade, tendo as mudanças mais desejáveis a mais baixa probabilidade de ocorrência. Existe ao menos uma chance modesta de que alguns estados exijam que seus votos do colégio eleitoral sejam distribuídos proporcionalmente à votação popular. Mas uma emenda constitucional que torne proporcional à população de cada estado o número de seus eleitores no colégio tem pouca probabilidade de ser adotada. E a desigualdade de representação no Senado praticamente impossibilita uma emenda constitucional que preceitue a eleição popular direta do presidente.

Os que veem a Constituição como um ícone sagrado decerto se sentirão reconfortados por esta conclusão — meu pessimismo é a imagem especular do otimismo deles.

No entanto, o impulso norte-americano para a democracia e a igualdade política — que é histórico, ainda que intermitente — não chegou ao fim. E, por isso, estamos diante de um desafio. Dados os limites atuais que descrevi, como poderíamos avançar para uma conquista mais plena de processos, direitos, liberdades, oportunidades e recursos democráticos?

Permitam-me sugerir duas estratégias muito gerais.

Primeiro, está na hora — é mais do que hora — de fortalecermos e ampliarmos largamente o exame crítico da Constituição e de suas deficiências. Uma discussão popular que se aprofunde além da visão da Constituição como ícone nacional é praticamente inexistente. Mesmo quando ocorrem análises aprofundadas — quase sempre entre especialistas em estudos constitucionais, nas faculdades de direito e nos departamentos de ciência política e história —, a Constituição como um todo raramente é cotejada com padrões democráticos ou com o desempenho dos sistemas constitucionais de outros países democráticos avançados.

Posso imaginar a possibilidade — neste ponto, irrompe certa dose de otimismo — de uma discussão gradativamente mais ampla, que comece nos círculos acadêmicos, estenda-se aos meios de comunicação e aos intelectuais de modo mais geral e, passados alguns anos, comece a atrair um público mais amplo. Não sei dizer qual seria o resultado. Mas, com certeza, ela aprofundaria a compreensão da importância das ideias democráticas para a constituição de um país democrático e, especificamente, aprofundaria a compreensão das deficiências da carta magna em vigor, vista por essa perspectiva, e a compreensão das possibilidades de mudança.

Até lá, entretanto, precisamos de uma segunda estratégia, destinada a conquistar maior igualdade *política* dentro dos limites da atual Constituição dos Estados Unidos. Um objetivo essencial dessa estratégia seria reduzir as vastas desigualdades na distribuição existente dos *recursos políticos*. É claro que as características da Constituição que descrevi neste livro criarão obstáculos ao sucesso dessa estratégia, pois elas armam os que possuem maiores recursos com sólidas defesas — oportunidades de vetar mudanças — contra todos os esforços de reduzir sua posição privilegiada.

Não sei prever quão bem-sucedida poderá revelar-se qualquer dessas estratégias. Mas a convicção da maioria dos norte-americanos de que o governo democrático, com todas as suas imperfeições, é melhor do que qualquer alternativa viável, no final das contas, baseia-se em princípios fundamentais de igualdade humana que não podem ser rigidamente limitados. Nossa compreensão das implicações desses princípios, portanto, continuará a evoluir indefinidamente. O mesmo se dará com as implicações desses princípios para nosso sistema político democrático e sua Constituição, no qual nós, norte-americanos, escolhemos livremente viver.

Capítulo 8

REFLEXÕES ADICIONAIS: MODIFICANDO A CONSTITUIÇÃO NÃO ESCRITA

UMA VEZ QUE ALGUMAS das características mais antidemocráticas da Constituição estão fixadas nesse documento por cláusulas praticamente impossíveis de alterar, expressei, no final do último capítulo, um "moderado pessimismo" quanto às perspectivas de mudanças significativas.

Talvez eu tenha sido pessimista demais. As mudanças que tornariam mais democrática a nossa Constituição *escrita* talvez não sejam politicamente viáveis. Mas poderíamos, com muito mais presteza, introduzir mudanças na nossa constituição *não escrita*.

A CONSTITUIÇÃO NORTE-AMERICANA ESCRITA E NÃO ESCRITA

Estou ciente de que a distinção entre nossa constituição formal ou escrita e nossa constituição informal ou não escrita talvez seja intrigante para alguns de meus leitores norte-americanos. Ao contrário dos ingleses, que viveram séculos com uma constituição não escrita, que não está exposta em parte alguma num documento único que se possa chamar de Constituição britânica,[137] os norte-americanos talvez achem difícil perceber que estamos acostumados com certas práticas, instituições e procedimentos políticos tradicionais que tendemos a presumir como aspectos essenciais de nosso sistema de governo norte-americano, embora eles não sejam preceituados pela Constituição escrita.

É claro que a Constituição escrita *pode* receber e já recebeu emendas. Além das primeiras 10 emendas, que seria razoável vermos como parte do documento original, os norte-americanos emendaram a Constituição 17 vezes, entre 1798 e 1992. Destas, contudo, apenas três emendas tiveram um impacto tão nítido em minorias geográficas que é quase certo que fossem bloqueadas no Senado durante a maior parte da história da nação — os 70 anos que antecederam a Guerra da Secessão e os 90 anos posteriores ao término da Reconstrução de 1876. A década que se seguiu à guerra civil proporcionou um breve período de oportunidade para a aprovação da Décima Terceira, Décima Quarta e Décima Quinta Emendas — que foram impostas aos estados sulistas derrotados pelo norte vitorioso. Das 14 emendas restantes, nenhuma mobilizou interesses opostos generalizados entre os estados menores.

IGUALDADE DE REPRESENTAÇÃO NO SENADO = DESIGUALDADE DE REPRESENTAÇÃO DOS CIDADÃOS

O Recenseamento de 2000, que foi concluído depois da publicação de minhas palestras, mostrou que o poder de veto de emendas constitucionais repousa nas mãos de uma minoria geográfica cada vez menor.

---

[137] No que constitui, provavelmente, o livro mais famoso sobre o assunto, Walter Bagehot descreveu em tom confiante as principais características da "Constituição inglesa", sem sequer mencionar que elas não eram prescritas em parte alguma num único documento constitucional escrito. Ver *The English Constitution* (1867).

Lembremos que a Constituição exige que qualquer emenda receba dois terços dos votos do Senado. Por conseguinte, uma proposta de emenda pode ser bloqueada pelos votos de dois senadores de um terço dos estados, mais um voto adicional. No Senado existente, composto por dois senadores de cada um dos 50 estados, 34 votos são suficientes para barrar uma emenda constitucional. Quando uma emenda chega a conseguir o número necessário de votos no Senado, tem que ser aprovada pelas assembleias legislativas (ou, numa alternativa inusitada, por convenções) de três quartos dos estados, ou seja, pode ser barrada por um quarto dos estados mais um, ou 13 estados.

Pelo Recenseamento de 2000, é fácil calcular que uma emenda poderia ser barrada por:

34 senadores dos 17 estados menores, com uma população total de 20.495.878 habitantes, ou 7,8% da população dos Estados Unidos.

Se, por um milagre, a emenda fosse aprovada pelo Senado, poderia então ser barrada por

13 assembleias estaduais dos menores estados, com uma população total de 10.904.865 habitantes, ou 3,87% da população dos Estados Unidos.

O poder da minoria geográfica das populações norte-americanas não consiste apenas em sua possibilidade institucional de vetar emendas. Em princípio, pelo menos, uma lei poderia ser aprovada no Senado por

51 senadores de 26 estados, com uma população total de 50.025.674 habitantes, ou 17,92% da população dos Estados Unidos.

Como mencionei anteriormente, Madison e seus colegas opuseram-se vigorosamente à igualdade de representação no Senado em 1787, numa época em que seu próprio estado da Virgínia, o maior de todos, já tinha uma população 12 vezes maior que a do menor estado, Delaware. Imaginem a desolação deles, se tivessem previsto a enormidade dessa diferença em 2000, quando o maior estado, a Califórnia, tinha quase 70 vezes a população do Wyoming, o menor de todos! Se hoje Madison fosse vivo, não tenho dúvida de que apoiaria uma emenda constitucional para abolir o colégio eleitoral, ou, no mínimo, uma emenda para reduzir o grau de desigualdade de representação na composição dele. De imediato, porém, ele descobriria que nenhuma emenda desse tipo teria probabilidade de superar o poder de minúsculas minorias geográficas de barrar mudanças constitucionais, exercendo seus vetos no Senado e nas assembleias legislativas estaduais.

ISTO É REALMENTE IMPORTANTE?

Seria razoável um cético perguntar: essa fórmula que promove a desigualdade tem mesmo importância? Para começar, ela viola claramente os princípios fundamentais que, a meu ver, se encontram na base do governo democrático, proporcionam sua legitimidade e o tornam, com todos os seus defeitos, superior a todas as alternativas antidemocráticas viáveis. Tais princípios são os seguintes:

- O princípio da *igualdade política* entre os cidadãos.
- O juízo moral que reza que temos de considerar o bem de todo ser humano como intrinsecamente igual ao bem de todos os outros, e, portanto, reza que o governo, ao tomar suas decisões, deve dar igual consideração ao bem e aos interesses de cada pessoa.
- Um juízo prudencial derivado de sólidos dados históricos sobre a maneira pela qual foram tratados grupos de pessoas anteriormente excluídos da cidadania plena (por exemplo, as mulheres, as classes operárias, os pobres, as pessoas sem posses substanciais, os afro-americanos, os índios norte-americanos). A meu ver, a única conclusão razoável a partir dessa massa de provas é que, salvo mediante uma demonstração muito sólida em contrário, em raras circunstâncias protegidas por lei, todo

adulto submetido às leis deve ser considerado suficientemente qualificado para participar em condições de igualdade política de um processo democrático de governo (Dahl, 1998, p. 62-76; Dahl, 1989, p. 83-97).[138]

Ainda assim, talvez vocês se perguntem se essa fórmula leva a consequências práticas nas políticas públicas. A resposta é sim.

Embora ninguém pareça haver empreendido um estudo abrangente das consequências da representação estadual igualitária no Senado para a aprovação de leis, ao longo da história da nação, uma excelente análise de alguns efeitos mais recentes da exigência constitucional é oferecida num livro intitulado *Sizing up the Senate: the unequal consequences of equal representation* [Avaliando o Senado: as consequências desiguais da representação igualitária] (Lee e Oppenheimer, 1999).

Nele aprendemos que um norte-americano que porventura viva num estado de população pequena obtém, automaticamente, três tipos de vantagens políticas em relação a qualquer cidadão que more em estados maiores:[139]

- primeiro, como já enfatizei, o voto do cidadão de estados pequenos tem mais peso na determinação da composição do Senado que o voto do cidadão de um estado maior;
- segundo, a desigualdade política decretada pela Constituição é adicionalmente exagerada pelo fato de que o menor número de cidadãos nos estados menos populosos permite que eles tenham acesso muito mais fácil a seus senadores;
- terceiro, a desigualdade política é ainda mais exagerada pelo fato de os senadores dos estados menores terem mais tempo disponível para as atividades e até a liderança no próprio Senado.

---

[138] Os documentos assim citados encontram-se integralmente listados ao final deste livro, sob o título de "Bibliografia adicional recomendada".
[139] Provas dessas três proposições podem ser encontradas em Frances I. Lee e Bruce I. Oppenheimer, *Sizing up the Senate*, op. cit., caps. 3-7, p. 44-222.

Para os gastos federais, as consequências são notáveis. Controlados os demais fatores relevantes, os cidadãos localizados nos estados pequenos ficam claramente em vantagem. Por exemplo, a parcela anual dos gastos federais com o Wyoming tende a se situar em torno de 209 dólares *per capita*, comparados a 132 dólares *per capita* na Califórnia.[140] Com base em que princípio geral um cidadão que vive no Wyoming tem direito a receber mais de uma vez e meia a verba federal de um cidadão em circunstâncias similares, que vive na Califórnia?

SUPERMAIORIAS: COM E SEM O PRINCÍPIO

As mudanças de leis ou de arranjos constitucionais que requerem mais do que a maioria simples — uma supermaioria —, e que por isso permitem que uma minoria vete sua proposição, parecem contradizer um princípio fundamental do governo democrático: o princípio da regra da maioria. Será que o princípio da regra da maioria deve sempre ser respaldado numa democracia? Podem as supermaiorias nunca ser justificadas por princípios democráticos básicos?

São perguntas profundas e difíceis demais para respostas simples. O lugar apropriado da regra da maioria e das supermaiorias no sistema democrático apresenta problemas que têm sido muito discutidos entre teóricos da democracia, filósofos e outros. Visto que uma resposta responsável a essa discussão complexa ultrapassaria em muito os limites deste texto, vou restringir-me a cinco proposições que creio serem pressupostos necessários para qualquer diálogo fecundo entre aqueles de nós que confiamos na democracia e desejamos sustentá-la e promovê-la, como presumo ser o caso da maioria de meus leitores:

1. A exigência de uma supermaioria — isto é, de um veto minoritário — deve ser justificada por *um princípio explícito que, por sua vez, também seja justificável*. Então, mais uma vez: que princípio racional pode justificar a desigualdade de

---

[140] Ibid., p. 173-176.

representação dos cidadãos no Senado? Qualquer um que defenda essa forma de representação desigual, a meu ver, está obrigado a expor e defender um princípio geral que forneça um argumento aceitável para uma violação tão extrema da igualdade política entre cidadãos norte-americanos.

2. Ao rejeitar essa forma particular de veto minoritário, com base em princípios democráticos, não estamos implicando que a maioria deva estar apta a fazer o que lhe aprouver. Maioria alguma está moralmente autorizada a violar direitos, liberdades e oportunidades que são essenciais à existência e ao funcionamento da própria democracia, direitos e liberdades como a liberdade de expressão, eleições livres, imparciais e razoavelmente frequentes, liberdade de associação e similares. Como afirmei antes (p. 138), é uma contradição lógica empregar princípios e processos democráticos para justificar atos de uma maioria que violem esses mesmos princípios e processos. Dizer que a maioria é capaz de destruir a democracia não é dizer que a maioria está moralmente autorizada a destruir a democracia.

3. Os interesses das minorias geográficas podem ser protegidos de duas maneiras. Os direitos fundamentais possuídos pelos membros de uma minoria geográfica, como cidadãos de uma democracia, podem ser protegidos pela implementação legislativa e judicial das garantias existentes na Declaração de Direitos e em emendas posteriores à Constituição. Além disso, a autoridade para tomar decisões sobre assuntos de interesse predominantemente local pode ser protegida tanto por leis quanto pelos princípios federativos incorporados à Constituição em vigor.

4. Muito embora a maioria seja capaz de destruir a democracia, a probabilidade de que ela o faça costuma ser grandemente exagerada. Não tenho notícia do caso de nenhum país, com todas as instituições democráticas essenciais em pleno funcionamento há uma ou mais gerações, em que a maioria haja realmente decidido, mediante procedimentos democráticos, substituir seu sistema democrático por um regime não democrático. Embora a queda da República de Weimar, em 1933, seja às vezes oferecida

como exemplo, o partido nazista nunca recebeu a maioria dos votos numa eleição livre e imparcial.[141] E, de qualquer modo, na época de sua derrocada, a República de Weimar tinha menos de 15 anos de existência.

5. Ainda que nenhum sistema judicial pudesse impedir uma maioria resoluta, ou, provavelmente, até uma minoria resoluta, de destruir a democracia, as duas primeiras proposições implicam, creio eu, que uma constituição democrática poderia dotar um tribunal independente, de maneira apropriada, do poder de exercer um veto sobre leis e políticas demonstravelmente nocivas para as instituições essenciais da democracia.

Apesar de muitos norte-americanos desconhecerem este fato, não existe, explicitamente, tal cláusula de veto do Judiciário na Constituição norte-americana escrita. Não obstante, a autoridade do Supremo Tribunal para revogar leis e políticas que violem a Constituição, a seu ver, tornou-se uma parte amplamente aceita da nossa carta magna não escrita desde 1803, quando o Supremo reivindicou pela primeira vez essa autoridade.

E com isso criou um problema duradouro. Uma vez que a Constituição escrita frequentemente oferece pouca orientação clara, e que, em muitas questões, as "intenções dos Autores" são sumamente elusivas, incognoscíveis ou ambíguas, muitas vezes a corte suprema usou seu poder para impor políticas que pouco mais eram do que reflexos das ideologias políticas da maioria de seus membros.[142]

Todavia, vejo poucas perspectivas de modificar essa parte da nossa constituição não escrita. O Supremo Tribunal continuará a existir,

---

[141] Nas últimas eleições livres, em julho de 1932, o partido nazista — Partido Nacional Socialista dos Trabalhadores Alemães — recebeu apenas 37% dos votos, e em novembro de 1932, obteve ainda menos: 33% dos votos (STERNBERGER. Dolf; VOGEL, Bernhard. *Die Wahl Der Parlamenta*. Berlim: Walter De Gruyter, 1969. v. 1, tabela A 11, p. 358).

[142] Robert A. Dahl, Decision-making in a democracy, op. cit.; ROSENBERG, Gerald N. *The hollow hope*: can courts bring about social change? Chicago: University of Chicago Press, 1991; SANDLER, Ross; SCHOENBROD, David. *Democracy by decree*: what happens when courts run government? New Haven: Yale University Press: 2002.

espero, como o órgão não eleito de formulação de políticas que tem sido desde 1803.

MUDANDO A CONSTITUIÇÃO NÃO ESCRITA

Se são ínfimas as perspectivas de emendar a Constituição escrita, a fim de eliminar os traços antidemocráticos que restam nela, e se as chances de democratizar alguns aspectos de nossa constituição não escrita, como o papel de legislador do Supremo Tribunal, parecem pouco melhores, o que aconteceria se qualquer mudança na carta magna não escrita pudesse torná-la mais democrática?

Um dos aspectos dessa constituição não escrita que poderíamos alterar — e deveríamos, a meu ver — é o sistema eleitoral (supra, p. 57-62). Embora a reforma eleitoral não seja a única inovação democrática que gostaríamos de considerar, e talvez não seja a de maior peso, ela nos proporciona um excelente exemplo de possibilidades que creio deverem ser submetidas a uma séria discussão e consideração públicas. Por sorte, diversos livros recentes proporcionam uma excelente base para uma discussão mais ampla.[143]

Assim, concluirei oferecendo uma breve recapitulação das deficiências do nosso sistema eleitoral em vigor e um resumo de algumas alternativas viáveis que seriam consideravelmente mais democráticas.

O VENCEDOR LEVA TUDO

Como mencionei (p. 58-59), talvez a consequência mais óbvia das eleições em que o vencedor leva tudo seja a desproporção — amiúde realmente extrema — entre o percentual de votos obtidos pelo candi-

---

[143] THOMPSON, Dennis F. *Just elections*: creating a fair electoral process in the United States. Chicago: University of Chicago Press, 2002; HILL, Steven. *Fixing elections*: the failure of America's winner take all politics. Nova York: Routledge, 2002; AMY, Douglas J. *Real choices/new voices*: how proportional representation elections could revitalize American democracy. 2. ed. Nova York: Columbia University Press, 2002.

dato de um partido e o percentual de cadeiras que esse partido obtém num órgão legislativo.

Os defensores da votação do tipo o-vencedor-leva-tudo apresentam essa desproporção, muitas vezes, como uma vantagem: ao reforçar o poder do partido vencedor no Legislativo, o sistema o-vencedor-leva-tudo habilita um governo majoritário a pôr suas políticas em prática de maneira mais eficaz. É verdade que esse sistema pode ser satisfatório em eleições que atendem a dois requisitos: os eleitores se dividem quanto a um único tipo de política, como a econômica, e suas atitudes situam-se basicamente numa única dimensão, que vai, digamos, da esquerda para o centro e para a direita, com a maioria dos eleitores tendo opiniões próximas do centro. Caso se tratasse de um estado estável, as eleições no modelo o-vencedor-leva-tudo resultariam, provavelmente, num sistema bipartidário competitivo, no qual quase todos os eleitores apoiariam o partido que defendesse a política mais próxima de suas ideias. Nessa situação sumamente idealizada, o partido vencedor da eleição tenderia a representar mais adequadamente as ideias da maioria dos cidadãos do que o partido derrotado, e sua representação exagerada garantiria sua possibilidade de aprovar as políticas a que a maioria dos eleitores houvesse manifestado seu apoio.

Mas essa situação abstrata é rara. Hoje em dia, os governos afetam os cidadãos de tantas maneiras diferentes — impostos, educação, meio ambiente, seguridade social, política externa, política militar, saúde, emprego, aborto, direitos humanos, habitação, transporte, imigração e muito mais — que as opiniões dos eleitores não se enquadram direitinho em apenas uma dimensão. Nesse caso, o sistema o-vencedor-leva-tudo é altamente insatisfatório, por muitas razões:

- Um candidato pode eleger-se para o cargo sem receber a maioria dos votos. Numa disputa com três candidatos, teoricamente, um deles poderia se eleger para o cargo com apenas 34% dos votos; numa disputa entre quatro, com apenas 26%, e assim por diante. Ainda que esses resultados extremos sejam improváveis, eleger-se para o cargo sem receber a maioria dos votos está longe de ser incomum.

- Se o vencedor houver obtido menos de 50% dos votos, é que talvez a clara maioria dos eleitores preferisse o candidato que ficou em segundo lugar. Portanto, se a segunda opção dos eleitores fosse levada em conta, é possível que o derrotado entre os dois candidatos principais se tornasse o vencedor em vez dele — em alguns casos, com uma margem substancial.
- Nos estados ou distritos percebidos como preponderantemente favoráveis a um só candidato, os incentivos a votar ficam imensamente reduzidos entre os eleitores que apoiam todos os demais candidatos. Se o indivíduo sabe de antemão que seu voto não fará qualquer diferença no resultado, para que votar?
- Os cidadãos que acreditam não ser representados por nenhum dos dois partidos principais podem desistir inteiramente da política e das eleições. Nos casos extremos, podem alienar-se da própria democracia.
- Como assinalei anteriormente (p. 102-103), as eleições no sistema o-vencedor-leva-tudo resultam, tipicamente, num número maior de evidentes derrotados que as dos sistemas proporcionais. No sistema o-vencedor-leva-tudo, teoricamente, até pouco menos de metade dos eleitores pode sair derrotado. Nos sistemas proporcionais, os "derrotados" ainda podem conquistar uma parcela do governo, quando representantes de seu partido se ligam a governos de coalizão nos quais suas opiniões são levadas em conta. Seja como for, é razoável eles terem a sensação de que seus votos tiveram um peso justo na determinação do resultado.
- Em consequência disso, os derrotados dos sistemas proporcionais têm maior inclinação a ficar satisfeitos com a maneira como funciona a democracia em seu país (supra, p. 103).

MANIPULAÇÃO DA DIVISÃO EM DISTRITOS ELEITORAIS

Quando se utilizam distritos eleitorais para escolher representantes para os órgãos legislativos, como fazem os norte-americanos nas eleições para a Câmara dos Deputados e para a maioria das assembleias legislativas estaduais e prefeituras municipais, isso é um forte incentivo à manipulação da divisão das áreas geográficas em distritos eleitorais. Desenhar as fronteiras dos distritos a fim de favorecer alguns candidatos, em detrimento de outros, é uma antiga prática norte-americana. (O termo que designa essa prática, *gerrymandering*, remonta a 1811, quando o governador de Massachusetts, Elbridge Gerry, assinou um decreto para refazer a divisão distrital, criando um distrito de formato tão parecido com uma serpente, que um editor de jornal anunciou de pronto que não se tratava de uma salamandra (*salamander*), mas de uma *Gerrymander*.*) O resultado dessa manipulação distrital é a eleição de candidatos que obtêm vitórias esmagadoras em distritos propositalmente delimitados para incluir os eleitores simpatizantes e excluir os adversários.

Essa dura realidade gera uma dinâmica política:

- Os políticos eleitos têm, naturalmente, um forte incentivo para manipular a divisão dos distritos eleitorais em favor deles mesmos ou de seus partidos.
- Para fazê-lo, é claro, eles se dedicam a barganhas com políticos eleitos do partido adversário, com isso garantindo que ambos os partidos terminem com distritos manipulados que sejam considerados seguros para seus candidatos.
- Para manter o controle do processo de redistribuição distrital, os políticos eleitos procuram garantir que seja confiada a eles — e não a comissões independentes — a tarefa de desenhar os limites dos distritos. Em 2002, apenas seis estados providenciaram comissões independentes. Em todos os demais, o Legislativo estadual teve a última palavra, fosse diretamente (em 36 estados), fosse agindo como a autoridade final (em oito estados) (Thompson, p. 173, 242).
- Por conseguinte, após cada recenseamento decenal, o formato dos distritos dos estados é determinado, na maioria das

---

* As palavras resultantes do trocadilho poderiam transliterar-se por *gerrymandra*, na forma substantiva, e *gerrymandrar*, como verbo. Nenhum deles, é claro, traduziria o sentido dos termos. (N. da T.)

assembleias legislativas estaduais, por rodadas indecorosas de intensas disputas partidárias, com picuinhas, barganhas e conchavos — como qualquer um poderia ter observado depois do censo de 2000.

- O resultado final é que se criam cadeiras seguras, enquanto o número de distritos potencialmente competitivos se reduz. A redistribuição partidária dos distritos eleitorais, depois do censo de 2000, levou em 2002 a uma eleição em que apenas 35 a 40 cadeiras da Câmara dos Deputados foram competitivas.[144] A manipulação da divisão em distritos eleitorais assegurou que todas as demais, quase nove em cada 10, fossem transformadas em conquistas certeiras para um partido ou o outro.

O resultado é que até a nossa Câmara dos Deputados talvez nem sempre seja muito representativa.

ALTERNATIVAS AO SISTEMA O-VENCEDOR-LEVA-TUDO

Como observei anteriormente, com apenas duas exceções — a Grã-Bretanha e o Canadá —, todas as outras democracias maduras empregam uma alternativa ao sistema o-vencedor-leva-tudo. Como as várias alternativas são muito numerosas para serem descritas, mencionarei sucintamente apenas algumas das possibilidades com que penso que os norte-americanos deveriam familiarizar-se melhor.[145]

---

[144] "A maioria das disputas para o legislativo careceu de qualquer concorrência significativa. Apenas quatro ocupantes de cadeiras na Câmara norte-americana perderam para desafiantes ainda não empossados em seus distritos eleitorais de divisão arbitrariamente manipulada; a média das disputas para a Câmara foi vencida por margens esmagadoras, superiores a 40%; mais de quatro em cada cinco disputas para a Câmara foram vencidas por margens esmagadoras de 20% ou mais; e mais de nove em cada 10 disputas foram vencidas por margem superior a 10%. Nas eleições estaduais para o legislativo entre 1998 e 2002, dois em cada cinco vencedores não enfrentaram grande oposição partidária, o que incluiu 37% dos vencedores deste ano." (<www.fairvote.org/e-news/20021114.htm>).

[145] Maiores detalhes poderão ser encontrados em Andrew Reynolds e Bem Reilly, *The International Idea handbook of electoral system design*, op. cit.; Steven Hill, *Fixing*

Quando nenhum candidato recebe mais de 50% dos votos, um *segundo turno* (ou *segunda rodada*) eleitoral é realizado com os dois candidatos com maior número de votos. Esse sistema é usado na França, nas eleições para o parlamento e para a presidência. Sua principal desvantagem consiste no tempo, esforço e dinheiro adicionais que ele requer. Nos Estados Unidos, com nossos agudos problemas de financiamento de campanhas, isso seria particularmente problemático.

Essa desvantagem poderia ser eliminada, entretanto, mediante a *votação preferencial* (às vezes chamada de *segundo turno instantâneo*). Embora a votação preferencial tenha muitas variações, basicamente ela permite ou exige que os eleitores votem nos candidatos por ordem de preferência. Eis a descrição de um defensor desse modelo:

> Quando nenhum candidato recebe mais de 50% dos votos iniciais, o candidato menos votado é eliminado e seus votos são transferidos para os candidatos designados como segunda opção na cédula eleitoral. Esse processo de eliminação e transferência prossegue até que um candidato receba mais de 50% dos votos.[146]

Um sistema nesses moldes é usado na Austrália desde 1901 e na Irlanda desde 1922.

Outra alternativa é a *representação proporcional* (RP), um sistema eleitoral que garante uma relação forte entre a percentagem de votos dada a um partido e a percentagem de cadeiras parlamentares conquistadas pelo partido. Entre as 22 democracias avançadas, a maioria emprega mais a RP do que qualquer outro sistema eleitoral (ver tabela 3, p. 169).

RP MAIS DISTRITOS COM UM REPRESENTANTE ÚNICO

Em muitos países que usam a RP, os eleitores não têm oportunidade de eleger candidatos que representem seus próprios distritos. É pro-

---

elections, op. cit.; Dennis F. Thompson, *Just elections*, op. cit.; e Douglas J. Amy, *Real choices/new voices*, op. cit. Ver também: <www.fairvote.org>.
[146] Dennis F. Thompson, *Just elections*, op. cit., p. 71.

vável que a maioria dos norte-americanos visse isso como uma desvantagem.

Entretanto, *a RP pode ser combinada com o sistema distrital de representante único*. Vejamos como isso funcionaria nos Estados Unidos. Para efeito de ilustração, vamos imaginar uma Câmara dos Deputados com 600 cadeiras, em vez das atuais 435. Metade delas seria preenchida por eleições realizadas em 300 distritos congressuais, em cada um dos quais a cadeira única seria conquistada, como acontece hoje, numa eleição pelo sistema o-vencedor-leva-tudo. Os eleitores também dariam um segundo voto, entretanto, para uma *lista* de candidatos estaduais indicados pelo *partido* preferido pelos eleitores. Esses votos seriam alocados de tal modo que a percentagem das cadeiras de cada partido na Câmara correspondesse de perto à percentagem de votos recebidos por ele na eleição. Assim, se um partido obtivesse 40% da votação nacional para os membros do Congresso, porém recebesse apenas 20% do total das cadeiras da Câmara nas eleições distritais, um número suficiente de candidatos da lista nacional seria acrescentado, para fazer a percentagem de cadeiras do partido na Câmara corresponder à sua percentagem da votação nacional. Um partido que tivesse 40% dos votos nacionais, digamos, poderia ter a expectativa de conquistar cerca de 40% das cadeiras da Câmara.

Uma vez que esse sistema combina as vantagens das eleições distritais com a justiça da proporcionalidade, alguns observadores o consideram o melhor dos dois mundos. Ele tem sido usado na Alemanha desde a criação da República Federal, em 1949, e substituiu o sistema o-vencedor-leva-tudo na Nova Zelândia em 1993. Na Itália, é usado nas eleições para as duas câmaras do parlamento, embora, num país em que a insatisfação com os sistemas eleitorais é mais endêmica, ele também provoque um número considerável de críticas e propostas de mudança.

ALGUMAS ADVERTÊNCIAS, ALGUMAS ESPERANÇAS

Para que não tenhamos expectativas exageradas, permitam-me agora acrescentar algumas palavras de advertência. Primeiro, como acontece com inúmeras escolhas políticas, ou talvez com a maioria delas, nenhum sistema eleitoral, até onde posso julgar, é inteiramente desprovido de algumas desvantagens. Segundo, tal como ocorre com outras instituições políticas, um sistema eleitoral que funciona bem num país pode ser menos satisfatório em outro. Terceiro, portanto, cada sistema eleitoral deve ser concebido para atender às condições de um dado país — no caso que estamos considerando, os Estados Unidos.[147]

E algumas palavras de esperança.

Quase um século atrás, um ilustre ministro do Supremo Tribunal, Louis Brandeis, afirmou que os estados proporcionavam um campo acessível de teste para avaliar possíveis mudanças. De fato, algumas das emendas mais importantes à Constituição — abolição da escravatura, eleição direta de senadores, sufrágio feminino — obtiveram sua aceitação inicial no nível dos estados, onde ajudaram a construir um poderoso eleitorado nacional que acabou por prevalecer. As possibilidades também podem ser testadas no nível municipal.

Como eu disse antes, nosso sistema eleitoral o-vencedor-leva-tudo é apenas um dos legados antidemocráticos que precisamos enfrentar. Outras características antidemocráticas de nossa Constituição não escrita também são passíveis de mudança.

A maioria dos norte-americanos concordaria, provavelmente, em que os *direitos* básicos necessários às instituições democráticas devem

---

[147] Estudiosos da Constituição também mostraram que as consequências antidemocráticas do sistema o-vencedor-leva-tudo, no colégio eleitoral, poderiam ser corrigidas sem uma emenda à Constituição, se todos os legislativos dos 11 maiores estados, que hoje têm a maioria dos votos no colégio eleitoral, aprovassem leis que exigissem que seus delegados nesse colégio votassem nos candidatos detentores da maioria dos votos populares. (AMAR, Akhil Reed; AMAR, Vikram David Amar. The 2000 election and the Electoral College. *FindLaw's Legal Commentary*, parte 1, 30 nov. 2001; parte 2, 14 dez. 2001; parte 3, 28 dez. 2001; BENNETT, Robert W. State coordination in popular election of the president without a constitutional amendment. *The Green Bag*, n. 2, p. 141-149, inverno 2002). A combinação disso com a votação preferencial, ou segundo turno instantâneo, garantiria que fosse necessária a maioria dos votos populares para eleger o presidente. (AMAR, Akhil Reed; AMAR, Vikram David Amar. The fatal flaw in France's — and America's — voting system, and how an "instant runoff" system might remedy it. *FindLaw's Legal Commentary*, 3 maio 2002).

ser equanimemente distribuídos entre nossos cidadãos. Mas, como assinalei no capítulo anterior, os princípios democráticos também exigem uma distribuição imparcial de *oportunidades* para agir com base nesses direitos, bem como de *recursos políticos* necessários para que os cidadãos possam tirar proveito das oportunidades. Entretanto, mal começamos a explorar maneiras de reduzir as enormes disparidades nos recursos políticos de que os cidadãos necessitam, a fim de terem uma participação mais efetiva nas campanhas, nas eleições e em atos que influam nas medidas políticas. Por exemplo, a despeito das mudanças recentes, obtidas a duríssimas penas, o modo como são financiadas as campanhas eleitorais continua a ser uma falha flagrante no atendimento a padrões democráticos elementares.

—

Ao contrário da crença muito difundida entre os norte-americanos, nossa grande e permanente dádiva ao mundo não foi nossa Constituição, que pouco foi imitada e, na verdade, foi largamente rejeitada como modelo entre os países democráticos bem-sucedidos e duradouros que viriam a emergir no século seguinte. Não. Muito maiores que essa foram outras duas dádivas.

Uma delas foi a demonstração dada pelos norte-americanos de que, num povo relativamente livre e independente, uma constituição *escrita* que prescrevesse as estruturas políticas de uma república democrática podia ser concebida, ratificada, emendada de vez em quando e suficientemente respeitada entre líderes políticos e cidadãos comuns para durar indefinidamente. Mesmo que as características específicas da Constituição norte-americana não tenham conseguido servir de modelo para os outros países que viriam a seguir com êxito seu próprio caminho para uma democracia estável, os Estados Unidos ofereceram uma prova viva, a ser vista pelo mundo inteiro, de que uma constituição escrita podia contribuir para criar e manter as estruturas duradouras que são necessárias às democracias representativas.

Todavia, uma dádiva ainda maior, a meu ver, foi o que viajantes estrangeiros como Aléxis de Tocqueville observaram e transmitiram à Europa e a outras regiões além dela: numa medida que até então se havia considerado ultrapassar em muito o alcance mortal, a ideia e os ideais da democracia e da igualdade política puderam moldar profundamente a vida política, as crenças, a cultura e as instituições de uma nação imensa, em crescimento, diversificada, progressista e próspera.

Apêndice A

SOBRE OS TERMOS "DEMOCRACIA" E "REPÚBLICA"

A IDEIA DE QUE os Autores tencionavam criar uma república, e não uma democracia, provavelmente teve sua origem em comentários tecidos por Madison no Artigo 10 de *O federalista*. Embora nesse texto, como em outros lugares, ele também tenha usado a expressão "governo popular", como uma espécie de denominação genérica, teceu igualmente uma distinção adicional entre "uma democracia pura, com o que me refiro a uma sociedade composta por um pequeno número de pessoas, que se reúnem e administram pessoalmente o governo", e uma "república, com o que me refiro a um governo em que se dê o regime da representação". "Os dois grandes pontos de diferença entre uma democracia e uma república são: primeiro, a delegação do governo, nesta última, a um pequeno número de cidadãos eleitos pelos demais; segundo, o maior número de cidadãos e a esfera maior do país sobre a qual eles podem estender-se."[148]

---

[148] *The federalist*, op. cit., p. 59.

Nesse texto, Madison estava fazendo uma distinção comum que, mais tarde, cientistas políticos e outros diferenciariam como "democracia direta" e "democracia representativa". É que, assim como para nós, era evidente para os Autores que, dado o tamanho de uma nação composta pelos 13 estados então existentes, com outros mais que viriam, "o povo" não teria qualquer possibilidade de se reunir diretamente para aprovar as leis, como fazia nos tempos das assembleias de cidadãos da Nova Inglaterra, e como fizera, dois milênios antes, na Grécia, onde foi inventado o termo "democracia". Portanto, era perfeitamente óbvio para os Autores que, num país tão grande, o governo republicano teria que ser um governo *representativo*, no qual as leis nacionais fossem promulgadas por um órgão legislativo também representativo, composto por membros direta ou indiretamente escolhidos pelo povo.

É provável que Madison também tenha sido influenciado por uma longa tradição de "republicanismo" que, tanto na teoria quanto na prática, inclinava-se um pouco mais para a aristocracia, o sufrágio limitado, a preocupação com os direitos de propriedade e o medo do populacho do que para um governo de base amplamente popular, mais dependente da "vontade do povo".

Entretanto, também é verdade que, durante o século XVIII, os termos "democracia" e "república" eram usados de maneira bastante intercambiável, tanto na linguagem comum quanto no discurso filosófico.[149] Madison, aliás, tinha plena consciência da dificuldade de definir "república". No Artigo 39 de *O federalista*, formulou uma pergunta: "E quais são, portanto, os caracteres (*sic*) que distinguem a forma republicana?". Em resposta a ela, apontou para o enorme leque de sentidos dados à palavra "república".

> Caso se viesse a buscar uma resposta para esta pergunta [...] na aplicação do termo às constituições de diferentes Estados por autores políticos, jamais se poderia encontrar resposta satisfatória.

---

[149] ADAMS, Willi Paul. *The first American constitutions*: republican ideology and the making of state constitutions in the revolutionary era. Chapel Hill: University of North Carolina Press, 1980. p. 106 ss.

A Holanda, na qual nem uma partícula da autoridade suprema deriva do povo, tem sido quase universalmente aceita sob a denominação de república. O mesmo título foi outorgado a Veneza, onde o poder absoluto sobre a vasta massa da população é exercido, da maneira mais absoluta, por um pequeno corpo de nobres hereditários.

Em vista dessa ambiguidade, Madison propôs que

> possamos definir república como sendo [...] um governo que deriva todos os seus poderes, direta ou indiretamente, da grande massa do povo, e é administrado por pessoas que ocupam seus cargos a título demissível, conforme decisão superior, ou por um período limitado, ou a título indemissível, salvo conduta indigna.[150]

Ao definir a república como um governo que deriva todos os seus poderes, "*direta* ou indiretamente, da grande massa do povo", Madison parece contradizer a distinção que havia traçado antes, no Artigo 10 de *O federalista*. Podemos interpretar sua luta com as definições como uma ilustração adicional da confusão que prevalecia em relação aos dois termos.

Se houvesse necessidade de outras provas da ambiguidade da terminologia, poderíamos recorrer a um autor sumamente influente, cuja obra era bem conhecida por Madison e muitos de seus contemporâneos. Em *Do espírito das leis* (1748), Montesquieu havia distinguido três tipos de governo — republicano, monárquico e despótico. Os governos republicanos eram de dois tipos: "Quando, numa república, o povo como corpo detém o poder supremo, trata-se de uma *democracia*. Quando o poder supremo se encontra nas mãos de uma parte do povo, ele é chamado *aristocracia*".[151] Mas Montesquieu também insistiu em que "É da natureza da república

---

[150] The federalist n. 39. In: *The federalist*, op. cit., p. 242 ss.
[151] MONTESQUIEU. *De l'esprit des lois*. Paris: Éditions Garnier Frères, 1961. v. 1, livro 2, cap. 2, p. 12.

ter apenas um pequeno território, sem o que dificilmente poderia existir".[152]

De Aristóteles a Montesquieu, os filósofos políticos não tiveram espaço em suas classificações para a democracia *representativa*. Ela era simplesmente uma espécie desconhecida, que ainda estava por evoluir. Em novembro de 1787, porém, apenas dois meses depois de encerrada a convenção de Filadélfia, James Wilson já havia atualizado as classificações mais antigas:

> As três espécies de governo [...] são a monárquica, a aristocrática e a democrática. Numa monarquia, o poder supremo é investido em uma única pessoa; numa aristocracia, [...] num órgão não formado com base no princípio da representação, mas que goza de sua posição por descendência, ou por eleição entre seus membros, ou por direito de qualificações pessoais ou territoriais; e por último, numa democracia, *ele é inerente a um povo e exercido por este ou por seus representantes* [grifo nosso]. [...] [D]e que natureza é a Constituição que temos diante de nós? Em seus princípios, senhor, ela é puramente democrática, variando em sua forma, com efeito, a fim de admitir todas as vantagens e excluir todas as desvantagens concomitantes à constituição conhecida e estabelecida do governo. Mas, quando adotamos uma visão ampla e precisa dos fluxos de poder que aparecem através desse plano grandioso e abrangente, [...] podemos rastrear sua origem até uma fonte grande e nobre: O POVO.[153]

Na convenção de ratificação da Virgínia, um mês depois, John Marshall, o futuro presidente do Supremo Tribunal, declarou que a

---

[152] Ibid., livro 8, cap. 16, p. 131. Seria de se esperar que a razão dessa conclusão residisse na dificuldade de reunir a população num grande território. No entanto, em contradição direta com o argumento posterior enunciado por Madison no Artigo Federalista nº 10 — o de que o perigo do sectarismo seria reduzido ao se aumentar o tamanho das unidades políticas —, Montesquieu afirmou que, numa república de grandes dimensões, o bem comum sofreria. "Numa [república] pequena, o bem comum é sentido com mais intensidade, é mais conhecido e mais próximo de cada cidadão."

[153] BAILYN, Bernard (Ed.). *Debate on the Constitution*. Nova York: Library of America, 1992. 2 v. v. 1, p. 803-804.

"Constituição estipulava uma 'democracia bem regulada', na qual nenhum rei ou presidente poderia solapar o governo representativo".[154]

Embora os Autores divergissem entre si no tocante a quão democrática desejavam que fosse a sua república,[155] todos estavam de acordo, por questões óbvias, quanto à necessidade de um governo representativo. Todavia, como os acontecimentos não tardaram a mostrar, eles não puderam determinar plenamente quão democrático viria a ser esse governo representativo — sob a liderança, entre outros, de James Madison.

---

[154] SIMON, James F. *What kind of nation?* Thomas Jefferson, John Marshall, and the epic struggle to create a United States. Nova York: Simon and Schuster, 2002. p. 25.
[155] Para uma discussão mais detalhada, ver meu livro *Pluralist democracy in the United States*. Chicago: Rand McNally, 1967. p. 34 ss.

Apêndice B

TABELAS E GRÁFICOS

Tabela 1
Países com democracia estável pelo menos desde 1950

1. Alemanha	12. Irlanda
2. Austrália	13. Islândia
3. Áustria	14. Israel
4. Bélgica	15. Itália
5. Canadá	16. Japão
6. Costa Rica	17. Luxemburgo
7. Dinamarca	18. Noruega
8. Estados Unidos	19. Nova Zelândia
9. Finlândia	20. Reino Unido
10. França	21. Suécia
11. Holanda	22. Suíça

Nota: Os países decompõem-se nas seguintes categorias: *europeus*: Alemanha, Áustria, Bélgica, Dinamarca, Finlândia, França, Holanda, Irlanda, Islândia, Itália, Luxemburgo, Noruega, Reino Unido, Suécia e Suíça (15); *de língua inglesa*: Austrália, Estados Unidos, Nova Zelândia e Reino Unido (4); *latino-americanos*: Costa Rica; *outros*: Israel e Japão. Embora a Índia tenha conquistado a independência em 1947, adotado uma constituição democrática e, exceto por um intervalo, preservado suas instituições democráticas diante dos extraordinários desafios da pobreza e da diversidade, omiti-a desta lista por duas razões: primeiro, a continuidade foi interrompida de 1975 a 1977, quando a primeira-ministra Indira Gandhi praticou um golpe de Estado, declarou estado de emergência, suspendeu os direitos civis e aprisionou milhares de opositores. Segundo, por ser a Índia um dos países mais pobres do mundo, as comparações com os países ricos da tabela 5 fariam pouco sentido.

Tabela 2
Comparação do sistema político-constitucional dos Estados Unidos com os das outras 21 democracias mais antigas

Características do sistema norte-americano	Entre os outros 21 países, os que se assemelham neste aspecto	
	(n)	Países
Federalismo		
1. Federalismo acentuado	6	Alemanha, Austrália, Áustria, Bélgica, Canadá, Suíça
2. Legislativo fortemente bicameral	3	Todos os federativos: Alemanha, Austrália, Suíça
3. Significativa desigualdade de representação no Senado	4	Todos os federativos: Alemanha, Austrália, Canadá, Suíça
Características não federativas		
4. Acentuada revisão judicial da legislação nacional	2	Alemanha, Canadá
5. Sistema eleitoral: eleições por maioria simples em distritos com um único membro (PCLC)	2	Canadá, Grã-Bretanha
6. Forte sistema bipartidário: fraqueza dos partidos[1]	3	Austrália,[2] Nova Zelândia,[3] Costa Rica
7. Sistema presidencialista: um único chefe de Estado eleito pelo povo, com importantes poderes constitucionais		-

[1] Até a eleição de 1997, realizada no novo sistema de representação proporcional, ocasião em que os dois partidos principais receberam apenas 61% dos votos. O restante foi quase inteiramente dividido entre três partidos menores.
[2] Onde a votação total dos candidatos do terceiro partido situa-se, comumente, abaixo de 10% do total.
[3] Até 2000, contando a coalizão liberal nacional (antes liberal rural) como um único partido.

Tabela 3
Os sistemas eleitorais das democracias avançadas

RP: Sistema de listas	RP: Variações	Maioria simples em distritos com um só membro (PCLC)	Variação
1. Áustria	1. Alemanha (PMM)	1. Canadá	França
2. Bélgica	2. Austrália (VA)	2. Estados Unidos	(dois turnos)
3. Costa Rica	3. Irlanda (VST)	3. Reino Unido	
4. Dinamarca	4. Itália (PMM)		
5. Finlândia	5. Japão (semi-RP)		
6. Holanda	6. Nova Zelândia (PMM)		
7. Islândia			
8. Israel			
9. Luxemburgo			
10. Noruega			
11. Suécia			
12. Suíça			

Fonte: REYNOLDS, Andrew; REILLY, Ben. *The International Idea handbook of electoral system designs* (1997).

Nota: PCLC = primeiro-a-cruzar-a-linha-de-chegada; PMM = proporcional com múltiplos membros; RP = representação proporcional; semi-RP = representação semiproporcional; VA = voto alternativo; VST = voto singular Transferível.

Tabela 4
Proporcionalidade *versus* majoritarismo: 20 países democráticos

Predominantemente Proporcional	Misto	Predominantemente Majoritário
Alemanha	Espanha	Austrália
Áustria	Estados Unidos	Canadá
Bélgica	Irlanda	França
Dinamarca	Japão	Grécia
Finlândia		Nova Zelândia (até 1993)
Holanda		Reino Unido
Noruega		
Nova Zelândia (1993)		
Suécia		
Suíça		

Fonte: G. Bingham Powell Jr., *Elections as instruments of democracy*, op. cit., p. 41. Modifiquei a tabela do autor para mostrar a adoção da proporcionalidade na Nova Zelândia em 1993.

Nota: A lista é ligeiramente diferente da que aparece na tabela 1. Inclui a Espanha e a Grécia, democratizadas a partir de 1950, e não inclui a Costa Rica, a Islândia, Israel e Luxemburgo.

Tabela 5
Medidas do desempenho dos Estados Unidos entre os países democráticos

Variável	Colocação dos EUA	Número de países	Percentagem de países com melhor desempenho que os Estados Unidos[1]
EUA no terço superior			
Crescimento econômico, 1980-95	5º melhor (empatado) entre	18	24
EUA no terço médio			
Representação feminina no ministério, 1993-95	8ª maior entre	22	33
Apoio popular ao chefe do Executivo, 1945-96[2]	10º maior entre	22	43
Déficits orçamentários, 1970-95	8º maior (empatado) entre	16	47
Desemprego, 1971-95[3]	8º maior (empatado) entre	18	59
Política familiar, 1976-82	12ª melhor entre	18	65
Inflação (IPC), 1970-95	12ª mais alta entre	18	65
EUA no terço inferior			
Representação feminina no parlamento, 1971-95	18ª mais baixa (empatada) entre	22	81
Proporção entre ricos e pobres, 1981-93	4ª maior entre	18	82
Eficiência energética, 1990-94	19ª mais baixa entre	22	86
Índice do estado de bem-estar, 1980	17º mais baixo entre	18	94
Gastos sociais, 1992	17º mais baixo entre	18	94

continua

Variável	Colocação dos EUA	Número de países	Percentagem de países com melhor desempenho que os Estados Unidos[1]
Comparecimento às urnas, 1971-96	21º menor entre	22	95
Taxa de encarceramento, 1992-95	1ª mais alta entre	18	100
Ajuda externa, 1992-95	19ª menor entre	19	100

Fonte: Agradeço a Arend Lijphart por sua permissão para eu usar seu conjunto de dados desenvolvido para *Patterns of democracy* (op. cit.), no qual são descritas as variáveis e suas fontes. Agradeço também a Jennifer Smith por suas contribuições para a construção da tabela.

[1] As percentagens são as dos países que obtiveram notas melhores que as dos Estados Unidos, sem empates. As variáveis nas quais, quanto mais alta a colocação, pior o desempenho do país, aparecem em itálico.

[2] "Percentagem média dos eleitores que votaram no partido ou partidos que formaram o gabinete ministerial, ou, nos sistemas presidencialistas, percentagem dos eleitores que votaram no candidato presidencial vencedor, ponderadas pelo tempo durante o qual cada gabinete ministerial ou presidente permaneceu no cargo." Arend Lijphart, *Patterns of democracy*, op. cit., p. 290.

[3] Sem padronização.

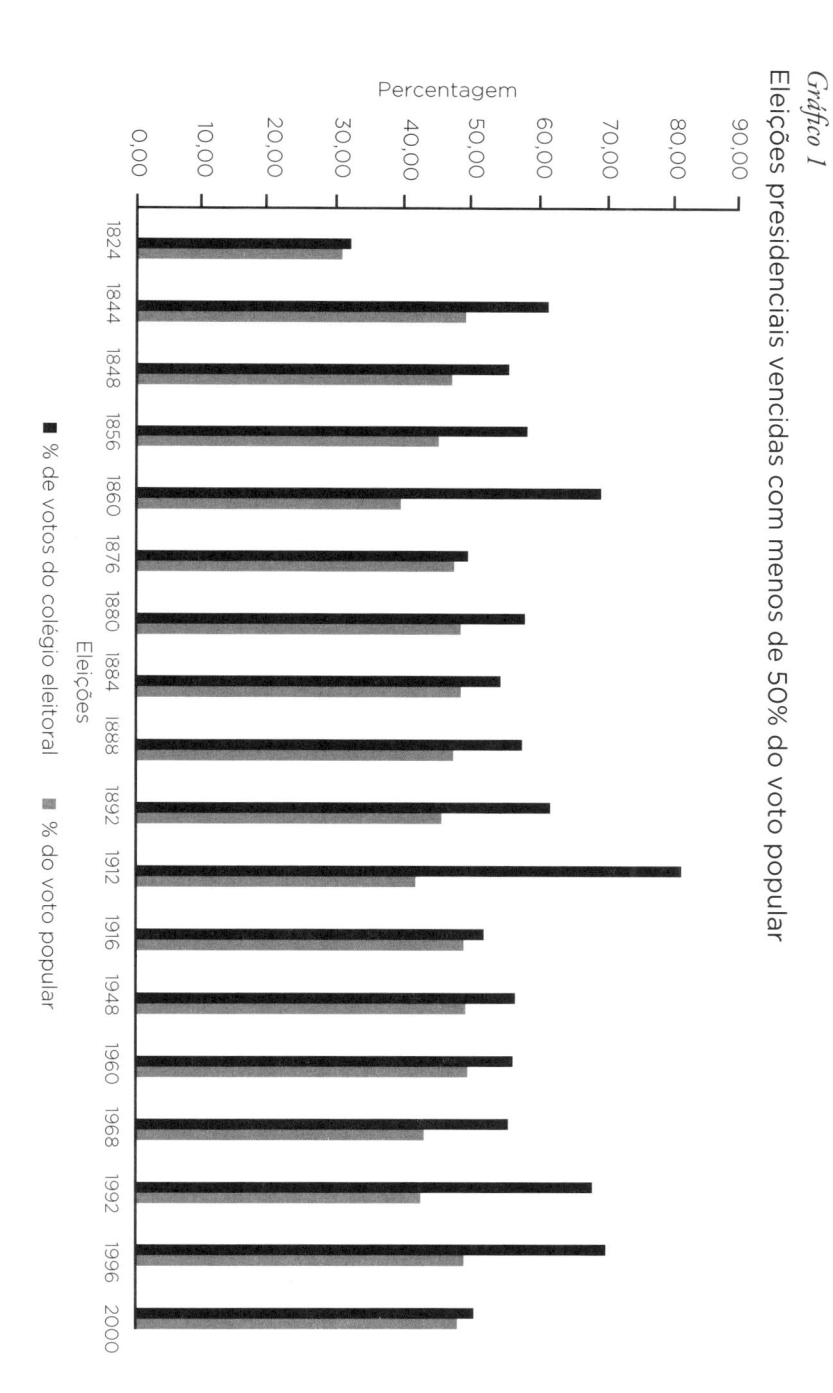

Gráfico 1
Eleições presidenciais vencidas com menos de 50% do voto popular

■ % de votos do colégio eleitoral   ■ % do voto popular

Eleições

Percentagem

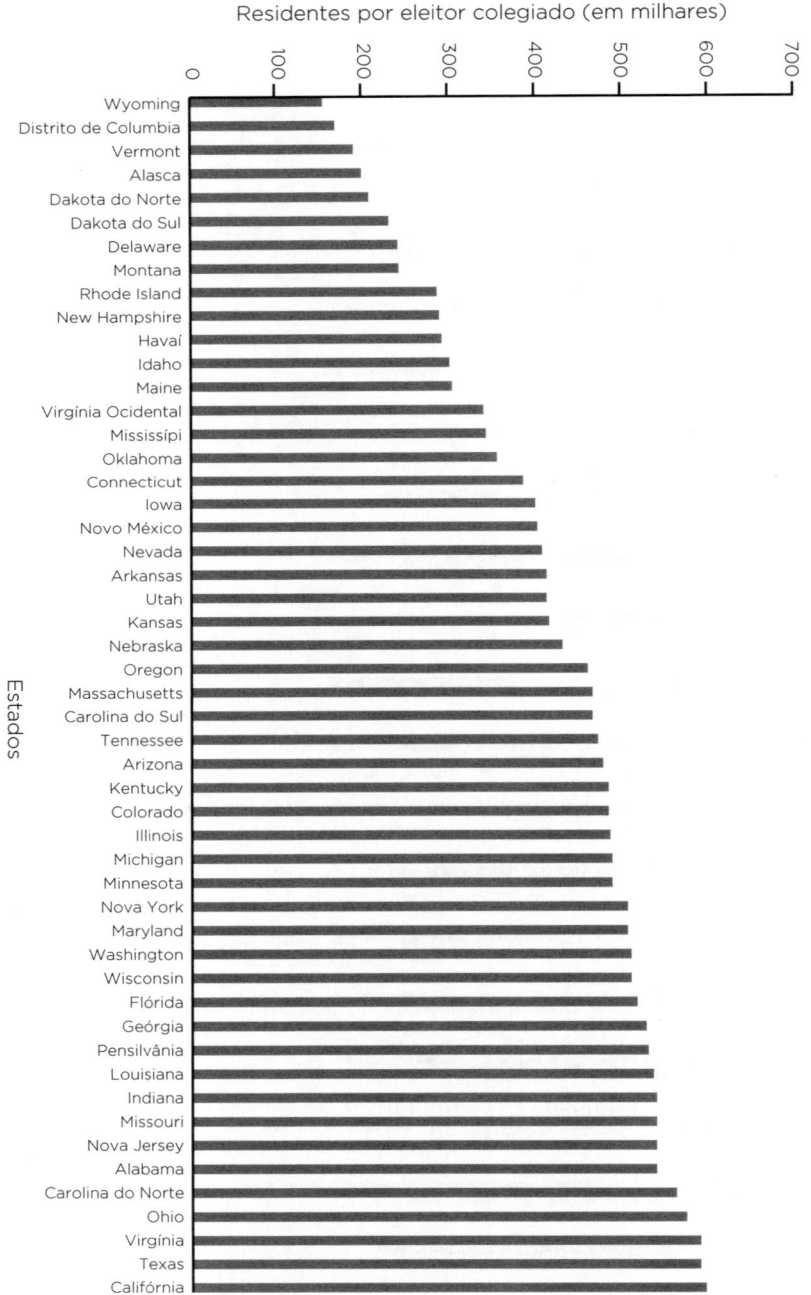

Gráfico 2
Desigualdade de representação no colégio eleitoral

Residentes por eleitor colegiado (em milhares)

Estado	
Wyoming	
Distrito de Columbia	
Vermont	
Alasca	
Dakota do Norte	
Dakota do Sul	
Delaware	
Montana	
Rhode Island	
New Hampshire	
Havaí	
Idaho	
Maine	
Virgínia Ocidental	
Mississípi	
Oklahoma	
Connecticut	
Iowa	
Novo México	
Nevada	
Arkansas	
Utah	
Kansas	
Nebraska	
Oregon	
Massachusetts	
Carolina do Sul	
Tennessee	
Arizona	
Kentucky	
Colorado	
Illinois	
Michigan	
Minnesota	
Nova York	
Maryland	
Washington	
Wisconsin	
Flórida	
Geórgia	
Pensilvânia	
Louisiana	
Indiana	
Missouri	
Nova Jersey	
Alabama	
Carolina do Norte	
Ohio	
Virgínia	
Texas	
Califórnia	

Estados

174 | A CONSTITUIÇÃO NORTE-AMERICANA É DEMOCRÁTICA?

REFERÊNCIAS

ADAMS, Willi Paul. *The first American constitutions*: republican ideology and the making of state constitutions in the revolutionary era. Chapel Hill: University of North Carolina Press, 1980.

AMAR, Akhil Reed; AMAR, Vikram David Amar. The 2000 election and the Electoral College. *FindLaw's Legal Commentary*, parte 1, 30 nov. 2001; parte 2, 14 dez. 2001; parte 3, 28 dez. 2001.

____; ____. The fatal flaw in France's — and America's — voting system, and how an "instant runoff" system might remedy it. *FindLaw's Legal Commentary*, 3 maio 2002.

AMY, Douglas J. *Real choices/new voices*: how proportional representation elections could revitalize American democracy. 2. ed. Nova York: Columbia University Press, 2002.

ANDERSON, Christopher J.; GUILLORY, Christine A. Political institutions and satisfaction with democracy: a cross-national analysis of consensus and majoritarian systems. *American Political Science Review*, v. 91, p. 66-81, mar. 1997.

APPLEBY, Joyce. *Inheriting the Revolution*: the first generation of Americans. Cambridge, Massachusetts: Harvard University Press, 2000.

BAILYN, Bernard (Ed.). *Debate on the Constitution*. Nova York: Library of America, 1992. 2 v.

BENN, Stanley I. Egalitarianism and the equal consideration of interests. In: PENNOCK, J. R.; CHAPMAN, J. W. *Equality (nomos IX)*. Nova York: Atherton, 1967. p. 61-78.

BENNETT, Robert W. Popular election of the president without a constitutional amendment. *The Green Bag*, n. 3, p. 241-246, primavera 2001.

_____. State coordination in popular election of the president without a constitutional amendment. *The Green Bag*, n. 2, p. 141-149, inverno 2002.

COLEMAN, John J. Unified government, divided government, and party responsiveness. *American Political Science Review*, v. 93, p. 821-836, dez. 1999.

CONGRESSIONAL QUARTERLY. *Presidential elections since 1789*. 2. ed. Washington, DC: Congressional Quarterly, 1979.

DAALDER, Hans. The Netherlands: opposition in a segmented society. In: DAHL, Robert A. (Ed.). *Political oppositions in Western democracies*. New Haven: Yale University Press, 1966. p. 188-236.

DAHL, Robert A. The future of political equality. In: DOWDING, Keith; HUGHES, James; MARGETTS, Helen (Ed.). *Challenges to democracy*. Hampshire, UK: Palgrave, 2001.

_____. Decision-making in a democracy: the Supreme Court as a national policy-maker. *Journal of Public Law*, v. 6, n. 2, p. 279-295, 1958.

_____. *Democracy and its critics*. New Haven: Yale University Press, 1989. [DAHL, Robert A. *A democracia e seus críticos*. Tradução de Patrícia de Freitas Ribeiro. São Paulo: Martins Fontes, 2012].

_____. *On democracy*. New Haven: Yale University Press, 1998. [DAHL, Robert A. *Sobre a democracia*. Tradução de Beatriz Sidou. Brasília: Ed. UnB, 2009].

_____. *Pluralist democracy in the United States*. Chicago: Rand McNally, 1967.

_____. The myth of the mandate. *Political Science Quarterly*, v. 105, n. 3, p. 355-372, outono 1990.

_____. The myth of the presidential mandate. *Political Science Quarterly*, v. 105, p. 355-372, outono 1990.

_____. Thinking about democratic constitutions: conclusions from democratic experience. In: SHAPIRO, Ian; HARDIN, Russell (Ed.). *Nomos XXXVIII, political order*. Nova York: New York University Press, 1996.

DUVERGER, Maurice. *Political parties*: their organization and activity in the modern state. Nova York: John Wiley, 1954.

DWORKIN, Ronald. What is equality? Part 2: equality of resources. *Philosophy and Public Affairs*, v. 10, 1981.

ELKINS, Stanley; MCKITRICK, Eric. *The age of federalism: the early American republicanism, 1788-1900*. Nova York: Oxford University Press, 1993.

ELLIS, Joseph J. *Founding brothers*: the revolutionary generation. Nova York: Alfred A. Knopf, 2000.

ELLIS, Richard J. (Ed.). *Founding the American presidency*. Lanham, Maryland: Rowman and Littlefield, 1999.

ELY, John Hart. *Democracy and distrust*: a theory of judicial review. Cambridge, Massachusetts: Harvard University Press, 1980 [ELY, John Hart. *Democracia e desconfiança*: uma teoria do controle judicial de constitucionalidade. Tradução de Juliana Lemos. São Paulo: Martins Fontes, 2010].

FARRAND, Max (Ed.). *The records of the Federal Convention of 1787*. New Haven: Yale University Press, 1966. 3 v. v. 1, p. 1.

FREEDOM HOUSE. *Press freedom survey*: press freedom world wide. 1º jan. 1999.

GORDON-REED, Annette. *Thomas Jefferson and Sally Hemings*: an American controversy. Charlottesville: University of Virginia Press, 1997.

GREENSTEIN, Fred I. The benevolent leader: children's images of political authority. *American Political Science Review*, v. 54, p. 934-943, dez. 1960.

____; TARROW, Sidney. Children and politics in Britain, France, and the United States: six examples. *Youth and Society*, v. 2, p. 111-128, 1970.

GRIMES, Alan. *Democracy and the amendments to the Constitution*. Lexington, Massachusetts: Lexington Books, 1978.

GRUMM, John. Theories of electoral systems. *Midwest Journal of Political Science*, v. 2, p. 357-376, 1958.

GUANIER, Lani. No two seats: the elusive quest for political equality. *Virginia Law Review*, v. 77, 1991.

HAMBURGER, Joseph. *James Mill and the art of revolution*. New Haven: Yale University Press, 1963.

HAMILTON, Alexander; MADISON, James; JAY, John. *The federalist*. Nova York: Modern Library, s.d. [HAMILTON, Alexander; MADISON, James; JAY, John. *O federalista*. Tradução de Heitor Almeida Herrera, introdução e notas de Benjamin Fletcher Wright. Brasília: Ed. UnB, 1984; ou HAMILTON, A. et al. *O federalista*: pensamento político. Tradução de Ricardo Rodrigues Gama. Campinas, SP: Russell, 2005].

HARDAWAY, Robert M. *The Electoral College and the Constitution*: the case for preserving federalism. Westport, Connecticut: Praeger, 1994.

HAZELL, Robert; SINCLAIR, David. The British Constitution: labour's constitutional revolution. *Annual Review of Political Science*, Palo Alto, v. 3, p. 379-400, 393, 2000.

HILL, Steven. *Fixing elections*: the failure of America's winner take all politics. Nova York: Routledge, 2002.

HUTSON, James H. (Org.). *Supplement*. New Haven: Yale University Press, 1987.

JAMES Wilson's final summation and rebuttal, 11 de dezembro de 1787. In: BAILYN, Bernard (Ed.). *The debate on the Constitution*. v. 1, p. 849.

KARATNYCKY, Adrian. The 1999 Freedom House survey: a century of progress. *Journal of Democracy*, v. 11, n 1, p. 187-200, jan. 2000.

KEYSSAR, Alexander. *The right to vote*: the contested history of democracy in the United States. Nova York: Basic Books, 2000.

LAZARE, Daniel. *The frozen republic: how the constitution is paralyzing democracy*. Nova York: Harcourt Brace, 1996.

LEE, Francis E.; OPPENHEIMER, Bruce I. *Sizing up the Senate*: the unequal consequences of unequal representation. Chicago: University of Chicago Press, 1999.

LEIWIN, Leif. Majoritarian and consensus democracy: the Swedish experience. *Scandinavian Political Studies*, v. 21, n. 3, p. 195-206, 1988.

LIJPHART, Arend. *Democracies, patterns of majoritarian and consensus government in twenty-one countries*. New Haven: Yale University Press, 1984.

_____. *Patterns of democracy, government form and performance in thirty-six countries*. New Haven: Yale University Press, 1999. [LIJPHART, Arend. *Modelos de democracia*: desempenho e padrões de governo em 36 países. Tradução de Roberto Franco. Rio de Janeiro: Civilização Brasileira, 2003].

_____. *The politics of accommodation*: pluralism and democracy in the Netherlands. 2. ed. rev. Berkeley: University of California Press, 1975.

LINZ, Juan; STEPAN, Alfred. *Inequality inducing and inequality reducing federalism: with special reference to the "classic outlier" — the USA*. Artigo preparado para o XVIII Congresso Mundial da Associação Internacional de Ciência Política, realizado em 1-5 de agosto de 2000 na cidade de Quebec, no Canadá.

_____; VALENZUELA, Arturo (Ed.). *The failure of presidential democracy*: comparative perspectives. Baltimore: Johns Hopkins University Press, 1994. v. 1.

LONGLEY, Lawrence D.; BRAUN, Alan G. *The politics of Electoral College reform*. Prefácio do senador Birch Bayh. 2. ed. New Haven: Yale University Press, 1975.

_____; PEIRCE, Neal R. *The Electoral College primer*. New Haven: Yale University Press, 1999.

MAYHEW, David R. *Divided we govern*: party control, lawmaking, and investigations, 1946-1990. New Haven: Yale University Press, 1991.

MEYERS, Marvin (Ed.). *The mind of the founder*: sources of the political thought of James Madison. Nova York: Bobbs-Merrill, 1973.

MILLER, William. *The business of may next*: James Madison and the founding. Charlottesville: University Press of Virginia, 1992.

MONTESQUIEU. *De l'esprit des lois*. Paris: Éditions Garnier Frères, 1961. v. 1 [MONTESQUIEU. *Do espírito das leis*. Tradução de Fernando Henrique Cardoso e Leôncio Martins Rodrigues, introdução e notas de Gonzague Truc. São Paulo: Abril Cultural, 1985. (Os Pensadores)].

MORGAN, Edmund S. *Inventing the people*: the rise of popular sovereignty in England and America. Nova York: W. Norton, 1988.

PADOVER, Saul K. (Ed.). *The forging of American federalism*: selected writings of James Madison. Nova York: Harper Torchbooks, 1953.

PERRY, Richard L. (Org.). *The sources of our liberties*: documentary origins of individual liberties in the United States Constitution and Bill of Rights. Nova York: American Bar Association, 1959.

PIANO, Aili; PUDDINGTON, Arch. The 2000 Freedom House survey. *Journal of Democracy*, v. 12, p. 87-92, jan. 2001.

POWELL JR., G. Bingham. *Elections as instruments of democracy*. New Haven: Yale University Press, 2000.

REYNOLDS, Andrew; REILLY, Ben. *The International Idea handbook of electoral system design*. Estocolmo: International Idea, 1997.

ROSENBERG, Gerald N. *The hollow hope*: can courts bring about social change? Chicago: University of Chicago Press, 1991.

SANDLER, Ross; SCHOENBROD, David. *Democracy by decree*: what happens when courts run government? New Haven: Yale University Press: 2002.

SCHUDSON, Michael. *The good citizen, a history of American civic life*. Cambridge, Mass.: Harvard University Press, 1998.

SCOTT, James. *Domination and the arts of resistance*. New Haven: Yale University Press, 1990 [SCOTT, James. *A dominação e a arte da resistência*: discursos ocultos. Tradução de Pedro Serras Pereira. Lisboa: Livraria Letra Livre, 2013].

SEN, Amartya. *Inequality reexamined*. Cambridge, Massachusetts: Harvard University Press, 1992 [SEN, Amartya. *Desigualdade reexaminada*. Tradução e apresentação de Ricardo Doninelli Mendes. Rio de Janeiro: Record, 2001].

SHUGART, Mathew Soberg; CAREY, John M. *Presidents and assemblies*: constitutional design and electoral dynamics. Cambridge: Cambridge University Press, 1992.

____; WATTENBERG, Martin P. *Mixed member electoral systems*: the best of both worlds? Oxford: Oxford University Press, 2001.

SIMON, James F. *What kind of nation?* Thomas Jefferson, John Marshall, and the epic struggle to create a United States. Nova York: Simon and Schuster, 2002.

SLONIN, Shlomo. The Electoral College at Philadelphia: the evolution of an ad hoc congress for the selection of a president. *Journal of American History*, v. 73, p. 35-58, jun. 1986.

SMITH, Dinitia; WADE, Nicholas. DNA test finds evidence of Jefferson child by slave. *New York Times*, 1º nov. 1998.

SMITH, Rogers. *Civic ideals*: conflicting visions of citizenship in U.S. History. New Haven: Yale University Press, 1997.

STEPAN, Alfred. Toward a new comparative analysis of democracy and federalism: demos constraining and demos enabling federations. Artigo para a reunião da Associação Internacional de Ciência Política, Seul, 17-22 de agosto de 1997.

STERNBERGER. Dolf; VOGEL, Bernhard. *Die Wahl Der Parlamenta*. Berlim: Walter De Gruyter, 1969. v. 1.

THOMPSON, Dennis F. *Just elections*: creating a fair electoral process in the United States. Chicago: University of Chicago Press, 2002.

TOCQUEVILLE, Aléxis de. *Democracy in America*. Tradução de Henry Reeve. Nova York: Schocken, 1961 [TOCQUEVILLE, Aléxis de. *A democracia na América*: sentimentos e opiniões: de uma profusão de sentimentos e opiniões que o Estado social democrático fez nascer entre os americanos. Tradução de Eduardo Brandão. São Paulo: Martins Fontes, 2000].

TRAY, Gil. Candidates take the stump, then and now (carta). *New York Times*, 17 jan. 1988.

TUFTE, Edward; DAHL, Robert A. *Size and democracy*. Stanford: Stanford University Press, 1975.

TULÍS, Jeffrey K. *The rhetorical presidency*. Princeton: Princeton University Press, 1987.

U.S. CENSUS BUREAU. *Statistical abstract of the United States, the national data book, 1999*. Washington, DC: U.S. Governrnent Printing Office, 1999.

VANHANEN, Tatu. *The emergence of democracy*: a comparative study of 119 states, 1850-1879. Helsinque: Academia Finlandesa de Ciências e Letras, 1984.

VOGEL, Bernhard; SCHULTZE, Rainer-Olaf. Deutschland. In: STERNBERGER, Dolf; VOGEL, Bernhard (Ed.). *Die Wahl Der Parlamente*. Berlim: Walter De Gruyter, 1969. p. 189-411.

WEINGAST, Barry R. Political stability and Civil War: institutions, commitment, and American democracy. In: BATES, Robert H.; GREIF, Avner; LEVI, Margaret; ROSENTHAL, Jean-Laurent; WEINGAST, Barry R. *Analytic narratives*. Princeton: Princeton University Press, 1988. p. 148-193.

WEISBERGER, Bernard A. *America afire*: Jefferson, Adams, and the revolutionary election of 1800. Nova York: William Morrow, 2000.

WOOD, Gordon. Early American get-up-and-go. *New York Review*, 29 jun. 2000. p. 50.

_____. *The radicalism of the American Revolution*. Nova York: Alfred A. Knopf, 1992.

WOODWARD, C. Vann. *Reunion and reaction*: the compromise of 1877 and the end of reconstruction. Boston: Little, Brown, 1951.

WEBSITE:
www.fairvote.org

ÍNDICE REMISSIVO

A

Acordo de Connecticut, 25, 51
Adams, John Quincy, 69
Adams, John, 12, 77
Adams, Samuel, 12
afro-americanos: direito de voto, 23, 34, 119, 121; direitos civis, 116-117, 133; direitos humanos básicos, 55; discriminação, 34; igualdade política e, 146. *Ver também* escravidão; sufrágio
Alemanha, 49, 95, 127, 157
Argentina, 52, 53
aristocracia, 18-19
Artigo I, Seção 3, 131
Artigo II, 65
Artigo V, 132
Artigos Federalistas, 64-65

assembleia de munícipes, ver assembleias de cidadãos da Nova Inglaterra
assembleias de cidadãos da Nova Inglaterra, 136, 144
assembleias de cidadãos/munícipes, 136, 162
Austrália, 49, 95, 156
Áustria, 53

B

Bélgica, 48, 95
bicameralismo, 48-49
Brandeis, Louis, 158
Brasil, 52, 53
Buckley versus Valeo, 137
Bundesrat, 101
Burke, Edmund, 50

Burr, Aaron, 36, 77

C

Califórnia, 51-52, 80, 146, 148
Câmara dos Comuns [ou Câmara Baixa], 60, 119
Câmara dos Deputados, 153, 155, 157; maiorias na, 105
Câmara dos Lordes [ou Câmara Alta], 24, 48-49, 119
Canadá, 60, 110, 155
Carolina do Sul, 81
castas, redução da discriminação das, 121
chefe de Estado, 70, 106. Ver também presidente; sistemas presidencialistas
chefe do Executivo, 63-71. Ver também chefe de Estado; presidente; sistemas presidencialistas
Chile, 125, 127
Cleveland, Grover, 69
cobrança de impostos, 26, 34, 50
colégio eleitoral, 73-87, 146; alteração ou abolição do, 82-87, 51; carente de maioria dos votos populares, 79; concepção dos Autores sobre o, 24; criação do, 73-75; defeito remediável, 80-82; defeitos intrínsecos, 78-80; derrota apesar da preferência da maioria, 80; eleição de *1800*, 36, 68, 77-78; eleição de *1876*, 78-79; eleição de *2000*, 37, 68, 73, 78-79; eleições diretas para presidente, 84-87, 140; emenda constitucional, 84-87, 140; escolha dos eleitores colegiados, 80-82, 84-85, 139; estados decisivos, 81; estados pequenos, 82-84; fracasso do, 77-78; futuro do, 84-87; habilitação a proteção extra, 82-83; maioria dos votos populares, 79; mudanças democráticas no, 139; mudanças no, 84-87, 132, 139; necessidade de proteção adicional, 83-84; razões para o, 75-77; reforma do, 85-87, 132-133; representação desigual de eleitores do povo, 80, 174; resultado improvável, 36-37; Senado e, 85-87; sistema distrital, 81, 85; sistema o-vencedor-leva-tudo, 80-82; vitória com a minoria dos votos populares, 79, 173; votação popular *vs.* votação do colégio eleitoral, 78-79
Comissão Independente do Sistema Eleitoral, 60
Comissão Parlamentar, 49
Comitê de Detalhamento, 66, 74
concessões, 20-21
Congresso Continental, 116
Connecticut, 34
constitucionalidade das leis, 25-26
Constituição: como ícone nacional, 113-115, 140; como modelo, 45-71; compromisso com o autogoverno e, 27; concessões e, 20-21; concisão, 130; condições favoráveis, 92-93, 130; consensual, majoritário ou nenhum dos dois, 133-135, 139; crenças democráticas emergentes, 27-33; custo oculto e incertezas

da mudança, 135; deficiências da, 23-27; desdobramentos históricos e, 17-18; desigualdade da representação no Senado, 131-132, 139; direitos, 130, 135-137; discussão pública da, 140-141; elementos antidemocráticos na, 23-27, 43-44, 143, 151; emendas, 33-35, 149, 157-158; escrita e não escrita, 143-144; estados e, 20; estruturas, 131-135; federalismo, 131; futuras tendências democráticas, 129-141; limitações de ordem prática, 17-18; modelos de, 17; mudanças democráticas da, 33-37; países democráticos avançados, 45-71, 89-112, 159-160, 167-172; papel do Supremo Tribunal, 138-140; papel limitado da, 130; possibilidade de mudanças significativas, 139-141; práticas e instituições políticas, 35-37; proteções contidas na, 54; questões fundamentais e, 9-13; resultados de pesquisas, 103-104, 129; revisão judicial da, 56-57; sistema presidencialista, 131; utilidade e legitimidade da, 43-44. *Ver também* Declaração de Direitos; sistemas constitucionais; igualdade política; emendas específicas

Convenção Constitucional, 9-16; coalizões na votação, 22; delegados, 9-10, 12, 20; Pais Fundadores e, 12-13; preparação da, 12-13

Costa Rica, 47, 64, 95, 110
Cuba, 134

D

Décima Nona Emenda, 34
Décima Quarta Emenda, 34, 144
Décima Quinta Emenda, 34, 144
Décima Segunda Emenda, 37, 77
Décima Sétima Emenda, 34
Décima Sexta Emenda, 34
Décima Terceira Emenda, 34, 144
Declaração da Independência, 12, 28, 29, 115, 116-117
Declaração de Direitos da Virgínia, 33, 37
Declaração de Direitos dos Cidadãos dos Estados Unidos, 27, 36, 38, 54, 130, 149
Delaware, 146
delegados, 9-10, 12-13, 31
democracia: alienação da, 152-153; cidadãos comuns e, 32; criação da, 13; desdobramento de ideias e instituições, 18; desigualdade de representação e, 146; destruição da, 149-150; direitos, liberdades e oportunidades, 126-128; pesquisa de satisfação dos cidadãos, 103-104; ruptura da, 92-93, 125-126; significado da, 17-18; supermaiorias e, 148; *versus* república, 162-165

democracias, 19; mais antigas, 45; países democráticos avançados, 45-71, 89-112, 167-172; revisão judicial, 57; sistema federa-

tivo, 19. *Ver também* Constituição; sistemas constitucionais
democratização, resultado da, 17
desigualdade de renda, 90
desigualdade de representação no Senado, 131-132, 139. *Ver também* Senado
desigualdade de representação: 80, 144-146, 146-148, 149; escravidão, 55; equilibrando direitos e interesses, 53-56; segunda câmara, 49-56, 131-132, 134. *Ver também* representação equitativa no Senado
Dinamarca, 49, 70, 109
direito de voto, *ver* eleições; sufrágio; votação
direitos fundamentais, 54, 94-95, 126-128, 138-139, 140
direitos: distribuição equitativa dos, 158-159; fundamentais, 54, 94-95, 126-128, 138-140; interesses das minorias, 53-56
discriminação, 34; leis de direitos civis, 119, 121; na Índia, 121. *Ver também* afro-americanos
discursos de campanha, 106

E

eleição popular direta: de senadores, 34; do presidente, 84-85, 140
eleições presidenciais: de *1800*, 36, 68, 77; de *1876*, 78-79; de *2000*, 37, 68, 73, 78-79
eleições: arranjos eleitorais, 96-99; de *1800*, 42, 68, 77-78; de *1876*, 78-79; de senadores, 34; destruição da democracia e, 149-150; diretas pelo povo, 84-87, 140; eleição direta do presidente, 84-87; o vencedor leva tudo, 151-153; projeto dos Autores para as, 24, 73-87; segundo turno, 156. *Ver também* colégio eleitoral; eleições presidenciais
emenda sobre igualdade de direitos, 34
emendas, 38-40, 140, 145-146. *Ver também* colégio eleitoral; emendas específicas
encarceramento, 110, 172
Escócia, 60
escravidão, 20-21, 23, 34, 55, 116-117, 158
Espanha, 70
estados decisivos, 81
estados pequenos, 54-56, 82-84
Estados Unidos: bicameralismo, 49; classificação do desempenho dos, 110, 171-172; comparação com países democráticos avançados, 45-71, 89-112; desempenho do sistema constitucional, 89-112; desigualdade de representação, 51-52; diversidade, 110; eficiência democrática dos, 151-152; encarceramento nos, 110; monarquia e, 70; sistema do "primeiro-a--cruzar-a-linha-de-chegada", 60, 63, 105-109, 111-112, 133-135, 170; sistema majoritário, 63, 170; sistema presidencialista, 63-71; tamanho dos, 109-110

estados, emendas constitucionais e, 47-48; papel dos, 19-20; pequenos, 54-56, 82-84; representação no Senado, 145, 148; revisão judiciária de leis, 56. *Ver também* sistemas federalistas

F

facções, 35-36, 39
fase protorrepublicana, 28
fase republicana, 28-29
federalismo, 38-39, 47-48, 131
Federalista, Artigo nº *10*, 35, 39, 161, 163
Federalista, Artigo nº *39*,162-163
Federalista, Artigo nº *68*, 75-76
federalistas e Partido Federalista, 31-33, 35, 36
financiamento de campanha, 156
Finlândia, 64
França, 32, 59, 64, 70, 95, 156
Freedom House, 94-95

G

Geórgia, 34, 80
Gerry, Elbridge, 154
Gore, Al, 80
governo do povo, 31-32
governo: domínio da maioria, 41-42; exigências do autogoverno, 28; fase protorrepublicana, 28; governo popular, 31-32; limites do, 130; republicano, 18. *Ver também* sistemas constitucionais
Grã-Bretanha: bicameralismo, 48-49; Constituição da, 65; direito de voto, 119; liberdades civis na, 95; sistema constitucional, 19, 70-71, 155; sistema do "primeiro-a-cruzar-a-linha-de-chegada", 60; sistema majoritário, 103-104; sistema parlamentarista, 70-71; terceiro partido na, 99
Grécia, 162
guerra civil norte-americana, *ver* Guerra da Secessão
Guerra de Secessão, 23, 79, 81, 92, 144

H

Hamilton, Alexander, 19, 21-22, 64, 75, 76
Hayes, Rutherford, 79
Holanda, 95, 100, 101, 102, 103
homens brancos: eleitores, 78; proprietários de terras, 32

I

igualdade política, 113-128; como ameaça à liberdade, 123-128; como importante valor democrático, 11; como meta justificável, 122-123; como meta realista, 115-119; estratégia para o futuro, 141; maior, 119-121
imposto eleitoral, 34
impostos sobre a renda, 34
Índia, 121
índios norte-americanos, 23, 119, 146
Irlanda, 156

Islândia, 110
Israel, 47, 95, 99
Itália, 95, 157

J

Jackson, Andrew, 30, 69, 107
Japão, 47, 70
Jay, John, 64, 77
Jefferson, Thomas: como Pai Fundador, 12-13; como representante da vontade do povo, 68-69; criação de partido político por, 30; defensor da república democrática, 30-32; democracia e, 18; eleição de *1800*, 36, 77; escravidão e, 116; opondo-se às políticas federalistas, 38; papel na política bipartidária, 35-36; prevendo a república democrática, 32

L

Länder, 47
legislação judiciária, 26, 27, 138-140
legislação, revisão judicial da, 56-57
Lei de Direitos Civis de 1964, 119, 121
Lei de Duverger, 62
Lei sobre Campanhas Eleitorais Federais, 137
leis sobre direitos civis, 121
leis sobre escravos fugidos, 23
Leis sobre Estrangeiros e Sedição, 33
Lijphart, Arend, 99, 111
Lincoln, Abraham, 69

M

Madison, James, 12, 15-16, 132; Artigos Federalistas e, 38-39, 64; como representante da vontade do povo, 68-69; criação de partido político por, 30; defensor da república democrática, 30-31; desenvolvimento político de, 37-42; desigualdade de representação e, 82; entre os primeiros democratas, 18; escolhendo o chefe do Executivo, 24, 66; intenção de criar república *vs.* democracia, 5-6, 161-164; opondo-se às políticas federalistas, 38; papel na política bipartidária, 35-36; Poder Judiciário e, 26; principal arquiteto da Constituição, 12; proteção dos estados pequenos e, 55; proteção dos interesses das minorias e, 53; redação de emendas, 33-34; representação no Senado e, 21-22; revolução democrática e, 37-42; separação dos poderes e, 65; vida de, 37-42
maioria absoluta, 58
maioria relativa, 58, 96
maioria simples, 58, 96
maioria: maioria absoluta, 58; maioria relativa, 58, 96; na Câmara dos Deputados, 105; três maiorias, 105. *Ver também* regra da maioria
manipulação da divisão em distritos eleitorais para fins políticos, 153-155

Mason, George, 26, 33, 37
Massachusetts, 81
Mayhew, David, 97-106
medidas antiescravatura, 55
medidas reguladoras, 25
Mill, John Stuart, 61
minorias: eliminando a discriminação contra as, 34; equilibrando direitos e interesses na representação, 53-56; geográficas, 145, 146. *Ver também* afro-americanos
missão presidencial, 68-69, 107
monarquias, 18-19, 66, 70
Monroe, James, 68-69
Morris, Gouverneur, 19, 22, 24, 76
mulheres: discriminação das, 34; sufrágio, 23, 34, 118, 119, 158

N

Nebraska, 49
New Hampshire, 9-10
Noruega, 49, 70, 95, 110
Nova York, 52-53
Nova Zelândia, 118, 157

P

País de Gales, 60
Pais Fundadores, 12-13
países democráticos avançados, 45-71, 89-112, 167-172
Partido Democrata, 30-31, 106
Partido Democrata-Republicano, 30, 38
Partido Nacional Socialista dos Trabalhadores Alemães, 148-150
Partido Republicano, 35

partidos minoritários, 96
partidos políticos, 35-36, 39-40, 152, 153-155. *Ver também* sistemas constitucionais; sistemas pluripartidários; sistemas bipartidários
Plano da Virgínia, 25-26, 37, 68
poder do Congresso, 26-27; revisão judicial de leis, 56-57
Poder Judiciário, 25-26
política partidária, 78
presidente: concepção do, pelos Autores, 65-68; criação da presidência, 66-68; discursos de campanha, 106; eleição do, 24, 73-87; falha do projeto dos Autores, 68-71; missão do, 68-69, 107; mito da missão presidencial, 68-69; mudança do papel do, 139; papel do, 106-109; revisão judiciária de atos do, 56-57; sistema híbrido norte-americano e, 106-109. *Ver também* colégio eleitoral; eleições presidenciais; sistemas presidencialistas
presunção de igualdade intrínseca, 122-123
Primeira Emenda, 33
primeiros-ministros, 64, 70
produto interno bruto (PIB), 110
proprietários de terras, 32, 40-41
Prússia, 50-51
pseudodemocratização, 69

R

Recenseamento (2000), 144-145, 154

Reconstrução, 55
Redatores: consciência das limitações, 130; definição, 12-13; distintos dos Pais Fundadores, 12-13; limitações de ordem prática dos, 15-18; limites de oportunidades, 18-22; o que eles não tinham como saber, 15-45. *Ver também* Convenção Constitucional
regra da maioria, 41-42; 53-56, 97, 148. *Ver também* sistemas majoritários
representação desigual, *ver* desigualdade de representação
representação equitativa no Senado, 21-22, 24-25, 144-146. *Ver também* desigualdade de representação
representação proporcional, 156-157
representação virtual, 50
República de Weimar, 149
república: aristocrática, 13; como forma de governo, 18, 27; corpo de cidadãos da, 31-32; criação da, 16; democrática, 12-13, 17-18, 28-33; escolha do chefe do Executivo, 65-67; fase protorrepublicana, 28; fase republicana, 28-29; romana, 16; Terceira República na França, 70; transição dos Estados Unidos para uma república democrática, 28-33; veneziana, 16; *versus* democracia, 161-164
republicanismo, 144
repúblicas democráticas, 12-13, 18, 29-33, 159
requisitos do autogoverno, 28

revisão judiciária da legislação nacional, 56-57
revolução democrática pacífica, 16-18, 27
Revolução Francesa, 92
Revolução norte-americana, 92
Rhode Island, 9-10
Roosevelt, Franklin D., 69
Roosevelt, Theodore, 69
Rússia, 46, 53

S

Segundo Congresso Continental, 116
segundo turno instantâneo, 84, 156
Senado: colégio eleitoral e, 85-87; desigualdade de representação no, 131-132, 139; eleição direta dos senadores, 34; eleição dos senadores, 34; emendas constitucionais e, 139; escolha dos senadores, 24; igualdade de representação no, 21-22, 24-25; maiorias no, 105; representação desigual no, 50-53, 131-132, 134; representação no, 21-22
separação dos poderes, 65
sistema confederado, 20
sistema do "primeiro-a-cruzar-a--linha-de-chegada", 58-63, 97, 169. *Ver também* partidos políticos; sistemas bipartidários
sistemas bipartidários, 35, 57-59, 62-63, 97-99, 97, 152. *Ver também* sistemas pluripartidários

sistemas consensuais, 99-104, 110-111, 133-135, 139
sistemas constitucionais: arranjos eleitorais, 96-99; autoridade do Estado, 51; avaliação do desempenho, 89-112; britânico, 19, 70, 143-144; como incentivo ao consenso, 99-104; condições favoráveis, 90-94, 96, 130; definição, 45; desempenho dos, 89-112; desenvolvimento histórico, 17-18; diversidade e, 109-110; eficácia democrática, 109-112, 171-172; equidade democrática, 96-99; federativo ou unitarista, 47-48; governo dividido, 104-105; Holanda, 100, 101, 102, 103-104; manutenção da estabilidade democrática, 90-94; países democráticos avançados, 45-71, 89-112, 167-172; poderes nos, 135; presidencialista, 63-71, 93, 106-109, 131; proporcionais vs. majoritários, 170; proporcionalidade, 97-104; proteção dos direitos fundamentais, 94-96; responsabilização/prestação de contas, 97-98, 109; sistema misto, 63-64; sistema parlamentarista, 64, 66; sistema riqueza relativa e, 110; sistemas consensuais, 99-104, 111; sistemas eleitorais, 40-41, 57-62, 169; sistemas híbridos, 60, 63, 97-109, 110-112, 133-135, 170; sistemas majoritários, 97-99, 110-111, 170; sistemas partidários, 62-63; Suécia, 101-102; Suíça, 100-101; tamanho e, 110. Ver também Constituição
sistemas eleitorais, 40-41, 57-62, 169
sistemas federativos, 19-20, 47-53, 52, 54, 56. Ver também sistemas constitucionais
sistemas híbridos, 60, 63, 105-109, 111-112, 133-135, 170
sistemas majoritários, 63, 97-104, 111, 133-135, 139, 170
sistemas parlamentares, 64, 65-68, 69-70, 93
sistemas partidários, 62-63, 170. Ver também sistemas constitucionais; sistemas pluripartidários; partidos políticos; sistemas bipartidários
sistemas pluripartidários, 59-60, 96, 98. Ver também sistemas constitucionais
sistemas presidencialistas, 63-71, 93, 131. Ver também colégio eleitoral; presidente
sistemas proporcionais, 59-60, 97-104, 169, 170. Ver também sistemas constitucionais; sistemas pluripartidários; partidos políticos
sistemas unitaristas/unitários, 19-20, 47-48
Suécia, 20, 49, 70, 110
sufrágio, 23-24, 40-41; das mulheres, 23, 34, 118, 119, 158; dos afro-americanos, 34; na Grã-Bretanha, 118-119; na Nova Zelândia, 118; representação desigual e, 49-53; universal,

118-119. *Ver também* eleições; votação
Suíça, 48, 49, 53, 95, 100-101, 109
supermaiorias, 148-150
Suprema Corte, *ver* Supremo Tribunal
Supremo Tribunal, 57, 138-140, 150

T

Terceira República (França), 70
terceiro partido e outros, 81, 96-97, 99
Tocqueville, Aléxis de, 11, 30, 118, 123-126, 159
tóris, 36
tribunais federais, 25-26

U

União Soviética, 46
Uruguai, 125, 127

V

veto do Judiciário, 150
veto sulista, 55
veto, 69; das maiorias, 148; de emendas constitucionais, 144-145, 146-148; do Judiciário, 26, 150; sulista, 55
vice-presidente, eleição do, 37, 77
Vigésima Quarta Emenda, 34
Vigésima Sexta Emenda, 34
Virgínia, 33, 37, 145
votação preferencial, 156
votação, 34, 136; classes conforme impostos territoriais, 50; dos afro-americanos, 23, 34, 119, 121; idade eleitoral, 35; imposto eleitoral, 34; incentivos, 153; na Índia, 121; preferencial, 156. *Ver também* eleições; sufrágio
voto alternativo, *ver* segundo turno instantâneo
voto de confiança, 70

W

whigs, 36
Wilson, James, 21-22, 54, 56, 74, 75, 82
Wilson, Woodrow, 69, 106
Wyoming, 52, 80, 146, 148